Ingrid Lipowsky

Das Leben ist ein Kreuzworträtsel

Erkenntnisse über das Mensch-Sein

Ingrid Lipowsky

Übermittelt durch Yasper,
einen Liebesgedanken Gottes

Das Leben ist ein Kreuzworträtsel

Erkenntnisse
über das Mensch-Sein

Herausgeberin (Bestellungen an diese Adresse):

Ingrid Lipowsky
Aberthamer Straße 1
89331 Burgau
Deutschland
Tel.: 0049/(0)8222/2464
mail: info@engelundsteine.de
www.engelundsteine.de

ISBN 978-3-00-063107-8

1. Auflage, 2019

Lektorat: Katrin Lipowsky-Mader, M.A.
Titelseite: Ingrid Lipowsky
Satz: Ingrid Lipowsky
Gesetzt aus der Garamond
Gesamtherstellung: Firma Deni Druck und Verlags GmbH,
D 86467 Thannhausen

Herzlichen Dank allen, die mitgewirkt haben!

Inhaltsverzeichnis

Vorwort von Yasper

Liebe Seelenschwester, lieber Seelenbruder,

hast du das kleine Kreuzworträtsel auf dem Buchumschlag schon gelöst? Dies ist für dich ja gewiss nicht schwierig. Es sind lediglich fünf Buchstaben in die richtige Reihenfolge zu bringen.

Ein wenig schwieriger ist es da schon, das ‚Kreuzworträtsel des Lebens' zu lösen. Denn dies erfordert, viele Antworten auf mehr oder weniger anspruchsvolle Lebensumstände zu finden und umzusetzen. Doch glaube mir: Die auf alles passende Antwort – und gleichzeitig die Lösung des Lebensrätsels – ist ein und dieselbe wie auf dem Umschlag dieses Buches.

Wenn ich dir die Lösung jetzt so einfach verraten habe, warum fällt es dir dann trotzdem so schwer, die einzelnen Kästchen bzw. Umstände so problemlos zu meistern? Ganz einfach: Es unterscheidet zwar nur ein Buchstabe die beiden Worte *lesen* und *leben*, doch genau hierin besteht die Schwierigkeit für dich: Das eine ist Theorie, das andere ist Praxis!

So besteht mein Auftrag darin, dir in diesem Buch Hilfestellung zu geben, um von all dem, was du weißt, dahin zu gelangen, es in deinem Leben auch umzusetzen. Kurz: Dieses Buch vermag dir zu helfen, die vielen noch leeren Kästchen deines ‚Lebens-Kreuzworträtsels' auszufüllen. Wohlgemerkt: Nicht mit Buchstaben, sondern mit LEBEN!

Übrigens: Die Liebe/das Leben/Gott hätte dir dieses Rätsel gar nicht aufgegeben, wenn ER nicht die Gewissheit besäße, es durch dich zu lösen …

Ich bin da. Bist *du* bereit? Dann lass uns beginnen!

In der Liebe Gottes

Yasper,
einer Seiner Liebesgedanken

Das Leben ist ein Kreuzworträtsel

Fragst du dich, wie ich zu dieser doch recht ungewöhnlichen Behauptung komme? Lass dir dazu eine kurze Geschichte erzählen:

Ein liebendes Elternpaar macht sich Gedanken, mit welchem anspruchsvollen Geschenk es seine Kinder beglücken könnte. Es soll nichts Unnötiges sein, an dem sie bald die Freude verlieren, sondern ein Spiel, das jedes der Kinder seinem Alter, Wissen und Können entsprechend fordert und fördert – ohne es zu überfordern.

So setzen sie sich zusammen und entwerfen für jedes der Kinder ein eigenes Spiel: ein Kreuzworträtsel. Die Kästchen sind senkrecht und waagrecht angeordnet und warten darauf, mit den richtigen Buchstaben ausgefüllt zu werden. Anfangs- und Schlussbuchstaben der Antworten werden jeweils mit einem bunt ausgemalten Kästchen begrenzt.

Es ist gar nicht so einfach für die Eltern, die richtigen Begriffe zu finden. Schließlich sollen sowohl waagrecht als auch senkrecht sinnvolle Worte entstehen. Sie fragen nach leicht zu beantwortenden, aber auch nach schwierigen Begriffen, und zwischendurch lassen sie sogar Platz für Worte, die das Kind noch gar nicht in seinem Sprachschatz hat. Ist dies nicht hinterlistig von den Eltern? Nein, denn sie wissen um die Besonderheit dieses Spiels: Durch das richtige Einsetzen der bekannten Worte entsteht, ganz von selbst, nach und nach das unbekannte Wort. Genau dadurch kann das Wissen des Kindes wachsen.

Eines gehört natürlich dazu: Geduld und Freude – am Rätseln und Lösen!

Endlich ist es soweit: Die Eltern übergeben jedem der Kinder das speziell für sie geschaffene Kreuzworträtsel. Die Reaktionen sind recht unterschiedlich: Der Älteste wirft nur einen kurzen Blick darauf, schüttelt unwillig den Kopf und legt das Blatt beiseite.

Die Eltern blicken sich an: Sie haben bei diesem Kind mit der Reaktion gerechnet. Geduld ist nicht gerade seine Stärke. Ihre Liebe schenkt ihnen das Verständnis – und die Gewissheit, dass auch für dieses Kind die Zeit kommt, sich mit dem Geschenk zu beschäftigen.

Das nächste Kind holt sich sofort einen Kugelschreiber und beginnt drauflosszurätseln. Doch bald merken die Eltern am verärgerten Stirnrunzeln und Durchstreichen der bereits ausgefüllten Kästchen, dass der Sprössling sich das Spiel zu leicht gemacht hat. Kurze Zeit später legt auch dieses Kind das Geschenk entmutigt zur Seite.

Der dritte Abkömmling sitzt konzentriert an seinem Schreibtisch und kaut nachdenklich am Bleistift. Ein Blick über seine Schultern zeigt den Eltern, dass er einige der leicht zu beantwortenden Fragen richtig gelöst hat und nun an einem ihm unbekannten Begriff hängen bleibt. Er probiert dieses und jenes Wort, doch keines passt in die dafür bestimmten Kästchen. Schließlich gibt auch er auf und sagt mit vorwurfsvoller Stimme zu seinen Eltern: „Das habt ihr viel zu schwer für mich gemacht. Das kann ich nicht lösen! So macht das Rätsel keinen Spaß!"

Das jüngste Kind sitzt auf dem Boden, vor sich sein Kreuzworträtsel, in der Hand einen Bleistift. Die Eltern sehen mit Freude, dass es bereits mehrere richtige Worte eingesetzt hat. Es zeigt mit seinem Finger auf eine der nächsten Fragen, überlegt, schüttelt den Kopf und geht zum nächsten Begriff. Diesen kann es leicht lösen und setzt mit vor Freude glühenden Bäckchen die richtigen Buchstaben ein. Wort für Wort entsteht, senkrecht wie waagrecht.

Plötzlich sehen die Eltern im Gesicht des Sprösslings ein großes Erstaunen: Ganz ohne sein bewusstes Zutun, ganz ohne jedes Wollen oder Müssen, wachsen in den von ihm aus Unwissenheit leergelassenen Kästchen Worte! Fremde Worte! Neue Worte! Als einziges Kind hat es in kurzer Zeit sein Kreuzworträtsel gelöst. Mit dem Blatt in der Hand geht es zu seinen Eltern und legt es ihnen mit kindlichem Stolz vor.

Die beiden Erwachsenen loben es und lassen sich von ihm die Begriffe zeigen, die es nicht versteht. Mit einfachen Worten erklären sie ihm deren Sinn und sind gewiss, dass das Kind im nächsten Rätsel diese Worte ganz selbstverständlich einsetzen wird.

Die anderen treten hinzu, schauen sich das fertig ausgefüllte Blatt des Jüngsten an und beginnen zu lästern: „Das sind ja auch kinderleichte Fragen! Die hätten wir auch beantworten können! Unsere Rätsel sind viel schwerer, zu schwer für uns!“ Und insgeheim zweifeln sie an der Liebe der Eltern und sehen eifersüchtig im Jüngsten das bevorzugte Lieblingskind.

Nun liegt es am Vater, ihnen die Erkenntnis des Kleinsten mitzuteilen: „Löst zuerst *das* in eurem Rätsel, was ihr kennt und könnt. Verbeißt euch nicht in das, was euch unbekannt oder zu schwer vorkommt, sonst verliert ihr die Lust und den Mut weiterzumachen. Wenn ihr nicht aufgebt, erlebt ihr dasselbe Wunder wie euer Bruder: Das Schwierige, Unbekannte löst sich scheinbar wie von selbst, einfach dadurch, dass ihr *das* löst, was ihr in jedem einzelnen Augenblick lösen könnt."

Die Erklärung macht die größeren Geschwister sehr nachdenklich. Sie holen sich schweigend ihre Rätselblätter, Bleistift und Radiergummi und versuchen es noch einmal.

Und? Hast du dich in einem der Kinder erkannt? Das Leben/die Liebe/Gott legt dir in jedem Augenblick deines Daseins mehr oder weniger anspruchsvolle, mehr oder weniger bereits bekannte Umstände vor. Das Einzige, was du tun kannst, ist: darauf nach deinem besten Wissen und Können zu re-agieren.

Dieses Re-agieren unterscheidet sich völlig vom Agieren-Wollen, welches das Ego so gerne versucht – und an dem es oft genug scheitert. Denn Umstände, die du im Augenblick des Auftretens gar nicht lösen kannst, führen dazu, dass dein Wollen und Müssen dich unglücklich, unzufrieden, ärgerlich und letztlich krank machen. Deine Einstellung raubt dir den inneren Frieden – und das ist gut so! Wärest du ansonsten bereit, dein Denken, Fühlen und Handeln in Frage zu stellen und zu verändern?

Wenn dir bewusst wird, dass du hier und jetzt einen Umstand, den dir das Leben vorlegt, nicht lösen kannst, mach es doch so wie das Jüngste der Kinder in meiner kleinen Geschichte: Verbeiß dich nicht in das Unlösbare, sondern nimm den nächsten Augenblick mit seinen neuen Herausforderungen vertrauensvoll an. Ich schenke dir dazu einen Segen:

„Gesegnet bist du mit dem Vertrauen, Dinge, auf die du im gegenwärtigen Augenblick keinen Einfluss nehmen kannst, einem Größeren anzuvertrauen. ER sorgt dafür, dass sie zur rechten Zeit gelöst werden – nach Seinem Willen, auf Seine Art und zum Wohle aller daran Beteiligten.“

Fokussiere dich mit folgender Frage auf den gegenwärtigen Augenblick: „Was kann ich praktisch und konkret hier und jetzt tun?“ So verhinderst du ein unproduktives Gedankenkarussell. Gehe dann mit all deinen Sinnen, Talenten und Möglichkeiten an die gegenwärtige Lebensübung heran.

Sieht das dein Verstand jetzt vielleicht als ein wenig zu naiv an? *Muss* man sich im Leben nicht durchbeißen? Darf man einfach so leicht aufgeben, wenn etwas nicht gleich gelingt? Lass dich an Jesu Worte erinnern, die er zu seinen Jüngern sprach: „Wenn ihr euch nicht ändert und den Kindern gleich werdet, dann könnt ihr in Gottes neue Welt überhaupt nicht hineinkommen.“[1]

Ein Kleinkind, dem du etwas vorlegst, mit dem es nichts anzufangen weiß, legt es ohne langes Überlegen zur Seite und widmet sich wieder seinem vertrauten Spielzeug. Nicht aus Naivität oder Bequemlichkeit, sondern aus seiner Göttlichkeit heraus, die es noch ganz selbstverständlich lebt.

---

[1] Mt 18,3.

Dadurch wachsen – wie von selbst, ja: spielerisch – seine geistigen, körperlichen und kognitiven Fähigkeiten. Und wenn die Zeit reif ist, wird es das zuvor ungeachtet zur Seite Gelegte von selbst in die Hand nehmen, sich damit beschäftigen – und weiterentwickeln.

Lass uns nun gemeinsam ein Beispiel aus deinem Lebens-Kreuzworträtsel anschauen:

Waagrecht wird ein anderer Begriff für *Ungeduld* mit 6 Buchstaben gesucht. Sofort fällt dir das Wort *Unrast* ein und du freust dich, dass es in die vorgegebenen Kästchen passt. Unrast, ja, die kennst du zur Genüge. Fünf Zeilen darunter wird ein passendes Wort mit 5 Buchstaben gesucht für *Verfolgung*. Auch hier überlegst du nicht lange (denn die Zeitungen sind gerade voll davon) und probierst es mit *Hetze* – und siehe da: es passt! Vier Zeilen höher wird dein Wortschatz nach einem noch fehlenden Wort für *Mittel zum …* getestet. Es passt tatsächlich das Wörtchen *Zweck*.

Gleich darunter wird nach einem Synonym für *straucheln* gefragt. Gleich auf Anhieb findest du das richtige Wort: *stolpern*.

Die untersten Kästchen verlangen einen Begriff für *großes Verlangen*. Nach einigem Nachdenken hast du auch hierauf die Antwort: *Sehnsucht*.

Weiter oben auf deinem Rätselblatt wird nach einem *tiefen Fall* gesucht. Dies kann ja wohl nur *Absturz* bedeuten!

Oberhalb des eingesetzten Wortes *Hetze* lautet die Frage: *Steigerung von müde*. Hier setzt du *ermattet* ein.

Nun fällt dein Blick auf eine senkrechte Fragestellung, die in unmittelbarem Zusammenhang mit den bisher beantworteten waagrechten Worten steht. Die Frage hierzu lautet: *Ziel erreichen* mit 8 Buchstaben. Durch die bereits beantworteten Begriffe fällt dir auch diese Frage leicht, obwohl dir die Antwort vorher nicht eingefallen ist. All die Worte, die für dich einen eher negativen Beigeschmack haben, schenken dir nun die Lösung, die nicht zufällig von oben nach unten entsteht: ***Ankommen***!

Ich empfehle dir, jetzt eine Pause einzulegen und dich mit den waagrechten Begriffen zu beschäftigen. Geh in dich, lass dich darauf ein. Erinnere dich an die Zeiten, in denen sie dich zum Richter machten: nicht nur anderen gegenüber, sondern noch öfter dir selbst gegenüber.

Jetzt, mit Abstand gesehen und mit Hilfe meiner bildhaften Erklärung, kannst du erkennen, dass alles in deinem Dasein wichtig und sinnvoll ist. Denn es wird, um im Bild des Kreuzworträtsels zu bleiben, waagrecht auf der Raum- und Zeitschiene gelebt, die Erkenntnisse jedoch fallen dir senkrecht zu, direkt aus der Göttlichkeit! Ja, mehr noch: Das Ankommen bei dem, der du in Wahrheit bist, ist bereits ein Teil all dessen, das dir so lange deinen inneren Frieden geraubt hat.

So erkennst du nach und nach, dass alles, was der menschliche Verstand als schlecht, böse und negativ bezeichnet und verurteilt, auf dem Weg zum ‚Ankommen im Heil- und Göttlich-Sein' liegt. Ich gebe dir ein paar Beispiele, die dein Verstand schwerlich abstreiten kann:

In der dunkelsten Nacht des Jahres, wenn die Sehnsucht der Menschen nach der Helligkeit am größten ist, wird das Licht des neuen Jahres geboren und beginnt unaufhaltsam zu wachsen, Tag für Tag.

Erst im größten Kriegsgeschehen, wenn die Sehnsucht der Menschen nach Frieden und Freiheit nicht mehr steigerungsfähig ist, sind sie zu Verhandlungen, zu Waffenruhe, Aussöhnung und Frieden bereit.

Erst nach Naturkatastrophen gewähren die Menschen länderübergreifend den Opfern Hilfe und lindern so deren Not.

Erst nach Terroranschlägen bilden sich Menschenketten, um für die Freiheit der Demokratie und des Einzelnen auf die Straßen zu gehen.

Diese Liste könnte ich beliebig fortsetzen. Du kannst auch gerne selbst darüber nachdenken, welches ‚schlimme' Ereignis, welche ‚dunkle' Stunde in deinem Leben dir – aus heutiger Sicht – Wachstum und Reifung schenkte und zum Segen wurde …

Noch ein zweites eindrückliches Beispiel in Form eines Kreuzworträtsels zeige ich dir, diesmal zum Thema Krankheit/Gesundheit/Heil-Sein: Lass dich auch hier auf die waagrechten Begriffe ein, fühle in sie hinein, erinnere dich, wie sehr du unter ihnen gelitten hast – und dann sieh, was bereits in ihnen angelegt war:

Auch du kennst Menschen in deinem Umfeld, die erst nach Krankheit, vielen Tränen, Verlust der Lebensqualität, nach Leiden und Angst, nach großem Sehnen nach Gesundheit und Hilfe ihr inneres Heil-Sein erkannt haben, welches nie verloren gehen kann. Vielleicht bist du selbst auch schon zu dieser Erkenntnis gelangt?

Das Leben ist ein Kreuzworträtsel! Es gibt für dich noch viele Kästchen auszufüllen, noch viele Umstände zu durchleben, noch oft ratlos vor einer Herausforderung zu stehen und zu erkennen, dass es dir im Augenblick nicht möglich ist, sie anzugehen und zu meistern. Dann erinnere dich an meine Erklärungen. Lass vertrauensvoll jedes Wollen und Müssen los. Nimm ebenso vertrauensvoll den nächsten Augenblick mit seiner neuen Herausforderung an, in der Gewissheit, dass sich alles zur rechten Zeit und am rechten Ort löst: So, wie das Leben/die Liebe/Gott es vorsieht.

Ich schließe dieses Kapitel mit einer Aussage von Jesus[2]:

**„Quält euch nicht mit Gedanken um morgen;
der morgige Tag wird für sich selber sorgen."**

Auf das Kreuzworträtsel des Lebens bezogen, ändere ich den Satz ein wenig: „Sorge dich nicht um Dinge, die hier und jetzt nicht zu lösen sind. Das Leben/die Liebe/Gott löst sie zur rechten Zeit, zum Wohle des Ganzen."

[2] Mt 6,34.

Der freie Wille des Menschen

Seit Menschengedenken stellen sich die friedfertigen und sich nach Frieden sehnenden Menschen die Frage, ob ein Zusammenleben ohne Streit, Zwistigkeiten und Kriege überhaupt jemals möglich sein kann.

Die Erde ist ein Planet, auf dem die als Menschen verkörperten Seelen durch eigenes Erleben zur Erkenntnis kommen, wer sie sind: Untrennbares Teil des göttlichen Ganzen, des ‚ICH BIN'. Ein langer und mitunter schmerzhafter Weg führt dorthin; ein Weg, den keiner vermeiden oder abkürzen kann. Weil das Leben/die Liebe/Gott sich beständig weiter ausdehnt, werden immer wieder Seelen nachkommen, die ganz am Beginn des Bewusstwerdens sind.

Wenn du wissen möchtest, wo *du* auf diesem Weg der Erkenntnis gerade stehst, können dir meine nachfolgenden Erklärungen Aufschluss darüber geben. Ich bringe es ganz einfach auf folgenden Nenner: Die subjektive Wahrheit eines Menschen zeigt seinen momentanen Bewusstseinsstand an – und somit die Reife seiner Seele.

Zum besseren Verständnis ermögliche ich dir zunächst ein inneres Bild. Wenn du die nächsten Zeilen gelesen hast, schließe für ein paar Minuten deine Augen und lass die Imagination in deinem Inneren entstehen:

In der Mitte des Zimmers, in dem du dich gerade befindest, entsteht ein Platz für all die Kleidungsstücke, die du im Laufe deines bisherigen Lebens getragen hast – und aus denen du herausgewachsen bist. Bis zur Decke türmen sie sich auf, all die abgelegten Wäschestücke, Kleider, Hosen, Pullover, T-Shirts, Blusen, Jacken, Mäntel, Mützen, Hüte, Schals, Schuhe. Von der Babykleidung bis zu den zuletzt von dir entsorgten Kleidungsstücken, die dir nicht mehr gefielen oder zerrissen waren – alles ist vertreten …

An einige der Stücke kannst du dich noch – oder wieder – erinnern, denn du trugst sie voller Stolz und hättest dir gewünscht, nie aus ihnen herauszuwachsen …

Ist es nicht unglaublich, was du bis jetzt schon alles am Körper hattest, was dich nicht nur gut gekleidet, sondern auch gewärmt und geschützt hat vor Kälte, Nässe, Hitze? Einige der Kleidungsstücke haben dir zu mehr Selbstbewusstsein verholfen, gaben dir das Gefühl, schön, begehrens- und liebenswert zu sein. Jedes einzelne von ihnen passte – eine Zeit lang. Dann bist du ein Stück gewachsen, die Kleidung wurde dir zu eng, zu kurz, zu klein – und ob du wolltest oder nicht: deine körperliche Entwicklung zwang dich, dich von ihr zu trennen.

Manches trugst du nur der Mode wegen. Heute wunderst du dich kopfschüttelnd, weshalb du damals mitgemacht hast. Kannst du heute zu dir stehen und trägst selbstbewusst *die* Kleidung, in der du dich wohlfühlst?

Die Frage ist es wert, noch ein wenig darüber nachzudenken ...

Was du am Beispiel der Bekleidung, aus der du im Laufe deines Lebens herauswächst, erkennen kannst? Es bietet die wunderbare Möglichkeit, dir die vielen Wahrheiten zu zeigen, die während deines Daseins für dich Gültigkeit haben – bevor du aus ihnen herauswächst, sie dir zu eng werden und du nach einer größeren Wahrheit suchst.

Du widersprichst mir mit dem Argument, dass es nur *eine* Wahrheit gibt? Da gebe ich dir vollkommen Recht: Es gibt nur die göttliche Wahrheit, die aber mit jedem einzelnen Menschen mitwächst und sich jeder Phase seiner Bewusstwerdung anpasst. Sie ist wie ein Kleidungsstück, das nur dann wärmt und schützt, wenn es die richtige Größe hat.

Lass uns ein wenig in deine frühe Kindheit zurückgehen: Erinnerst du dich an deine kindliche Freude, als du im Garten Ostereier und Geschenke suchtest, die der Osterhase für dich versteckt hatte? Anfang Dezember besuchte dich der Nikolaus, und an Heiligabend brachte dir das Christkind Geschenke. Wie sehr fiebertest du diesen ganz besonderen Ereignissen entgegen! Irgendwann hast du dann erfahren, dass es weder den Osterhasen noch den Nikolaus noch das Christkind gibt. Und auch die Sache mit dem Storch, der die Babys bringt, entspricht nicht der Wahrheit! Lüge! Alles Lüge der Erwachsenen! Hast du deshalb damals aufgehört, deine Eltern zu lieben? Hast du sie gefragt, weshalb sie dir solche Geschichten auftischten? Wahrscheinlich nicht, denn die Erinnerung an die zauberhafte und märchenhafte Zeit, die konnte dir die neue Wahrheit nicht nehmen.

Heute bist du selbst ein Erwachsener, und falls du Kinder hast, wirst du ihnen wahrscheinlich dieselben ‚Lügen' erzählen. Warum tun die Großen das? Warum lügen sie ihre Kinder bewusst an? Aus Liebe! Und in der eigenen Erinnerung an die märchenhaften Geschichten, die ein ganz besonderes Leuchten in die Augen aller Kinder zaubern.

Warum lässt die Liebe/das Leben/Gott so viele unterschiedliche Phasen der einen Wahrheit zu? Entnimmst du doch jeden Tag den Nachrichten, dass wegen der so gegensätzlichen Wahrheiten Kriege geführt werden und Unrecht begangen wird! Kannst du meine Antwort annehmen, wenn ich sage: ‚Aus Liebe'?

Ich verlange dir einiges ab, das ist mir durchaus bewusst. Wahrscheinlich kannst du meine Aussage besser verstehen, wenn ich dir nachstehend die einzelnen Phasen der Wahrheit erkläre. Und nicht nur das: Du vermagst darüber hinaus zu erkennen, wo du gerade stehst – und kannst jeden anderen Menschen in eine der Bewusstseinsstufen einordnen. Dadurch wächst dein Verständnis, für dich selbst und für andere.

Die Wahrheit in der Welt der Selbstherrlichen und Selbstgerechten

Die Wahrheit, die in der Welt am lautesten vertreten wird, kommt von den Menschen, die voller Überzeugung daran glauben, mit ihrer Willenskraft alles erreichen zu können, was sie wollen. Sie werden von denen, die sich ihrem Willen unterordnen sollen, oft als Egoisten bezeichnet und der Gruppe der **Selbstherrlichen** und **Selbstgerechten** zugeordnet. Bestimmt fallen dir jetzt auf Anhieb einige der Mächtigen in der Weltpolitik ein, und es sind diejenigen, die unter den Friedfertigen für Angst und Schrecken sorgen. Denn jedes Mittel ist jenen recht, um ihrer Wahrheit Nachdruck zu verleihen. Ein besonderes Kennzeichen der Selbstherrlichen und Selbstgerechten ist, dass sie keine andere Wahrheit als ihre eigene gelten lassen. Ist es da verwunderlich, dass sie gegen die ‚Lügen' und ‚Unwahrheiten' der anderen kämpfen?

Ich erinnere dich: Der Standpunkt eines jeden Menschen bestimmt seine Sichtweise. Diese ist verantwortlich für seine Wahrnehmung, von der er seine subjektive Wahrheit ableitet.

Egoistische Menschen tragen in sich eine übergroße Sehnsucht nach Liebe und glauben, diese nur dadurch zu erhalten, dass andere zu ihnen aufblicken, ja: sie vergöttern. Wo könnten sie dies besser erreichen als in Machtpositionen? Ihr übersteigertes Selbstbewusstsein redet ihnen ein, nicht nur sich selbst zu dienen, sondern ebenso denen, die ihnen untertan sind. Diese erste Phase der Wahrheit ist im Kleinen – in Beziehungen, Familie, in privaten und geschäftlichen Gruppierungen – ebenso vertreten wie im Großen – in der Weltpolitik und in den Chefetagen mächtiger Firmenimperien.

Gleichzeitig hat jeder Mächtige große Angst davor, seine Macht und seinen Einfluss auf die ‚Untergebenen' zu verlieren. Es gibt eine ganz einfache Gleichung: **Angst macht Macht und Macht macht Angst.** So ist es kein Wunder, dass die Menschen dieser Wahrheitsphase keinen inneren Frieden finden, weder die Machtausübenden noch ihre Anhänger oder die von ihnen Unterdrückten.

Du kannst dir die Macht des Ego-Willens ganz einfach veranschaulichen: Nimm dazu einen leeren Luftballon zur Hand und betrachte ihn. Er ist nichts weiter als eine bunte, sehr dünnhäutige Gummihülle, zu nichts Nützlichem zu gebrauchen. Nun blase ihn nach und nach auf. Wodurch gewinnt er Größe? Durch deine Luft, durch deine Energie!

Was passiert, wenn du die Lust am Aufblasen verlierst, das Mundstück zusammendrückst und langsam Luft entweichen lässt? Ein großes Gejammer, das dich nervt und entweder dazu veranlasst, alle Luft auf einmal herauszulassen – oder, um Ruhe zu bekommen, wieder mit dem Aufblasen zu beginnen.

Eine weitere Spielart kannst du ausprobieren: Puste ihn fest auf – und lasse ihn dann los. Wie eine wildgewordene Hornisse wird er durch das Zimmer sausen und dann, geschrumpft auf seine ursprüngliche Größe, irgendwo unter einem Möbelstück verborgen, liegen bleiben.

Was geschieht, wenn du ihn mit zu viel Luft füllst und überdehnst? Dann gibt es einen lauten Knall, der dich und andere wahrscheinlich sehr erschreckt. Was bleibt von ihm und seiner Aufgeblasenheit übrig? Ein paar Gummifetzen!

Jetzt lies alle Möglichkeiten des Spiels mit einem Luftballon noch einmal durch und stell dir dabei einen derzeit Mächtigen vor …

Verstehst du nun ihre Angst? Sie sind abhängig von denen, die zu ihnen aufblicken ebenso wie von denen, die von ihnen unterdrückt werden. Denn ihre Macht entsteht nur durch die Energie der Bewunderung oder Angst vieler Menschen. Und sie hat nur so lange Bestand, wie Bewunderung oder Angst existieren. Jeder Mächtige kennt das Gesetz der Macht: Wenn die Sehnsucht nach Freiheit groß genug ist, erwacht in den Geknechteten aus Verzweiflung eine neue Macht, die sie befähigt, den Unterdrücker zu entmachten!

Ein Blick in die Menschheitsgeschichte bestätigt meine Aussage.

Die Wahrheit in der Welt der Selbstmitleidigen

Betrachten wir nun gemeinsam eine weitere, bei unzähligen Menschen weltweit gängige Wahrheit: Es ist das ‚Schicksal', das unser Leben bestimmt. Es sind ‚Zufälle'; angenehme und beglückende ebenso wie unangenehme und schreckliche!

Wer ist von dieser Wahrheit überzeugt? Es sind diejenigen, welche die zuvor beschriebene Wahrheit der Selbstherrlichkeit und Selbstgerechtigkeit hinter sich gelassen haben. Machtmenschen, denen das ‚Schicksal' böse mitgespielt hat, indem es stärker war als ihr selbstherrlicher und selbstgerechter Ego-Wille. Es sind die Menschen, die sich aus der Unterdrückung befreit haben und nun erkennen, dass sich, obwohl der alte Despot durch die Macht der Vielen entmachtet wurde, nur eines geändert hat: Andere sind an seine Stelle getreten …

Schau dir die enttäuschten Menschen an: Besitzen sie Vertrauen in das Leben, haben sie einen inneren Frieden? Nein, denn sie fühlen sich Umständen ausgeliefert, auf die sie nach ihren leidvollen Erfahrungen niemals Einfluss haben werden.

Kann ein Mensch ohne Vertrauen und inneren Frieden leben? Nein! So suchen die Enttäuschten nach irgendetwas, irgendjemandem, dem sie vertrauen können. Manche von ihnen erinnern sich an Gott, doch – wenn es ihn wirklich gäbe, hätte er all das Schlimme, das sie durchlebt und durchlitten haben, zugelassen? So bleibt ihnen nur, im Außen nach einem Halt zu suchen, den sie als Gegenkraft zu ihrer Angst vor der Zukunft einsetzen können. Schnell sind Menschen zur Stelle, die diesen Halt anbieten:

Versicherungen werden angepriesen! Obwohl jedem Menschen klar ist, dass eine Lebensversicherung nicht das ewige Leben garantiert oder eine Unfallversicherung nicht vor Unfällen schützt, erfährt der sich Versichernde eine gewisse Befriedung. Im Hinterkopf freilich sitzt weiterhin die Angst …

Versicherungen, in die viele aus Solidarität mit denen, die in Not geraten könnten, einzahlen, sind eine wunderbare soziale Einrichtung. Versicherungen, die aus Angst abgeschlossen werden, bieten die Möglichkeit der Erkenntnis, dass es in der Materie keinerlei Sicherheiten gibt.

Doch es bestehen für angstbesetzte Menschen noch weitere Angebote, Schicksal und Zufall zu beeinflussen. Versprechen doch Horoskope und Wahrsagerinnen einen Blick in die Zukunft. Der Beratene soll so die Chance haben, sich vor Unheil, Krankheit, Verlusten zu schützen, schlimmen Dingen auszuweichen bzw. das Richtige zu tun, um dem Glück auf die Sprünge zu helfen. Viel Geld wird ausgegeben, bis die so Beratenen endlich zur Einsicht gelangen: Die einzige Möglichkeit, einigermaßen sicher durchs Leben zu kommen, besteht darin, selbst jede Gefahr zu meiden! Die einzige Möglichkeit, einigermaßen erfolgreich durchs Leben zu kommen, besteht darin, dem Glück selbst auf die Sprünge zu helfen!

Gerne würde ich diesen Menschen eine Frage stellen: „Was bedeutet für dich Glück? Was nennst du Unglück?“ Ich kenne die Antwort: „Alles Gute und Schöne ist Glück! Alles Schlimme und Böse ist Unglück!“

Ist es nicht so, dass ein und dasselbe Ereignis für den einen Menschen Glück und für den anderen Menschen Unglück bedeuten kann? Ich unterstreiche meine Behauptung durch ein Beispiel: Ein Geschäftsmann ist auf dem Weg zum Flugplatz, um einen wichtigen Termin in Übersee wahrzunehmen. Obwohl er genügend Zeit für die Anfahrt einkalkuliert hat, gerät er in einen Stau, der ihn stundenlang festhält. So verpasst er den Flug und weiß, dass der entgangene Vertragsabschluss verlustreiche Folgen für sein Unternehmen haben wird. Unabänderliches Schicksal! Pech!

Ein junger Mann, der am Last-Minute-Schalter auf einen freien Platz im Flugzeug wartet, macht einen Luftsprung, als er kurz vor dem Abflug erfährt, dass sein großer Traum wahr wird. Als er seinen Sitz einnimmt, wirft er einen erstaunten Blick auf die junge Frau, die neben ihm sitzt: Eine wahre Traumfrau! Welch ein glücklicher Zufall! Welches Geschenk des Lebens!

Erinnere dich: Verursacher für beide Folgen ist der Unfall mit Totalsperrung der Autobahn.

Nun verändere ich meine Geschichte ein wenig: Das Flugzeug stürzt durch einen technischen Fehler über dem Atlantik ab. Es gibt keine Überlebenden. Wer von den beiden Männern hatte nun Glück oder Unglück?

Die große Hoffnung, das Glück zu finden, treibt auch viele Menschen in Spielsucht, Gewinnsucht – und schließlich in Armut und Verbrechen.

Die große Hoffnung, ein Unglück vermeiden zu können, ist ebenso trügerisch: Ein Mensch, besessen von der panischen Angst, mit einem Flugzeug abzustürzen, glaubt, dies vermeiden zu können, indem er nie eine Flugreise bucht.

Eines Tages hat er einen Autounfall, wird schwerverletzt in einen Rettungshubschrauber verladen – und …. Du ahnst es schon …

Ich will … Ich will nicht … Diese Willenseinstellungen gehen vom Ego aus und werden beide in der Entwicklungsstufe des **Selbstmitleids** erlebt und durchlitten. Kurz anhaltenden Wunscherfüllungsfreuden stehen Enttäuschungen gegenüber. Immer wiederkehrende Schicksalsschläge lassen tief im Menschen die Sehnsucht nach einem festen Halt im Leben schließlich größer werden als die Angst vor der Zukunft. Die Seele ist bereit für die nächste Wahrheit! Die Zeiten der Selbstherrlichkeit, Selbstgerechtigkeit und des Selbstmitleids sind vorüber, nun wird der Blick nach oben bzw. nach innen gerichtet: Es muss doch etwas Größeres geben, eine Macht, die über allem steht, über dem Guten wie über all dem Bösen! Eine Macht, die irgendwann nach diesem ungerechten Leben das Gute und die Guten belohnt, das Böse und die Bösen bestraft! Gott kommt ins Spiel!

Die Wahrheit in der Welt der Sich-Selbst-Suchenden

Welcher Gott? Ja, gibt es denn mehrere? Jeder Mensch macht sich seinen eigenen Gott durch das Gottesbild, das *seiner* Wahrheit entspringt. Vom Leben Enttäuschte brauchen einen Gott, der irgendwann für Gerechtigkeit sorgt!

Manchmal greift dieser Gott ja auch schon zu Lebzeiten ein und schlägt die bösen Menschen mit Krankheit, mit

Misserfolg, mit Unglück. Manchmal belohnt Er die Guten ja auch schon zu Lebzeiten mit Glück, Erfolg, Gesundheit. Warum Ihm dies nicht immer gelingt? Weil die bösen Menschen durch ihren freien Willen die Liebe Gottes und Seine Fürsorge verhindern. Denn Er hat ja den Menschen den freien Willen gegeben …

Mit der Zeit tauchen doch kleine und größere Zweifel auf: Kann ein Mensch auf einen liebenden Gott vertrauen, wenn dieser zulässt, dass Seine geliebten, guten und folgsamen Kinder von bösen Menschen unterdrückt, misshandelt, ja getötet werden? Wenn schon menschliche Eltern niemals zulassen würden, dass ihre eigenen Kinder sich zusammentun und schwächeren Geschwistern das Leben zur Hölle machen, warum sollte dann Gott so handeln? Oder ist dieser Gott vielleicht so gleichgültig oder so schwach, dass Er sich von einer Gegenmacht, die durch böse Menschen handelt, Seine Allmacht nehmen lässt? Es sind genau diese Zweifel und Fragen, die in die **Sich-Selbst-Suche** münden.

Eine der Hauptfragen lautet: „Wer bin ich?" Viele gläubige Menschen bezeichnen sich als geliebtes Kind Gottes, das sich aber, nach menschlichen Maßstäben, diese Liebe erst durch ein gottgefälliges Leben verdienen muss. Die Faktoren Schuld und Angst spielen eine große Rolle in dieser Bewusstseinsstufe. Die so Glaubenden sind überzeugt davon, dass jeder Einzelne sich aufgrund seines freien Willens bewusst dafür entscheiden kann, ob er Gutes oder Böses denkt, spricht, fühlt und entsprechend handelt.

Bist du bereit, dir die Wahrheit der freien Willensentscheidung genauer anzuschauen?

Eure Wissenschaftler behaupten, dass jeder denkende Mensch mehr als 20.000 Entscheidungen täglich trifft – bewusste und unbewusste. Betrachten wir uns zunächst gemeinsam, wie viele Entscheidungen du heute ganz bewusst aus dem freien Willen heraus getroffen hast. Hier einige Beispiele: Kaffee oder Tee zum Frühstück? Mit dem Auto fahren oder zu Fuß gehen? Die Freundin anrufen oder warten, bis sie es tut? Noch einen Nachtisch essen oder lieber auf die schlanke Linie achten? Fernsehschauen oder ein gutes Buch lesen?

Viele Entscheidungen hat dir heute das Leben durch Umstände, auf die du keinen Einfluss hast, abgenommen. Dir blieb nichts anderes übrig, als auf sie zu re-agieren. Beispiele gefällig? Konntest du ungehindert in den ersten Kreisverkehr einfahren, um im nächsten Kreisverkehr einem anderen Fahrzeug Vorfahrt gewähren zu **müssen**? Hast du heute den idealen Parkplatz direkt vor einem Geschäft bekommen, im Gegensatz zu gestern, als du nur einige Straßen entfernt parken konntest? Hast du auf die geplante Mittagspause verzichten **müssen** wegen des wichtigen Auftrags, der unvermittelt auf dem Schreibtisch landete? **Musstest** du die Fenster schließen wegen des aufkommenden Sturms? Auf keinen dieser Umstände hattest du

Einfluss, keinen konntest du durch deine Willenskraft im Voraus planen oder verhindern.

Weitaus zahlreicher sind die vielen unbewussten, längst vorprogrammierten Handlungen, die du einfach tust, ohne dich bewusst dafür zu entscheiden: Zähneputzen mit der rechten Hand; zuerst den rechten Schuh anziehen, dann den linken; das Auto aufsperren, Türe öffnen, Platz nehmen, Sicherheitsgurt anlegen, Kupplung drücken, Zündschlüssel einstecken, Motor starten, Gang einlegen, Gas langsam kommen lassen, gleichzeitig Kupplung nachlassen, losfahren, nächsten Gang einlegen. Erinnerst du dich an deine erste Fahrstunde? Da war dies alles noch neu, fremd, anstrengend – und verlangte deine ganze bewusste Aufmerksamkeit, Koordination und viel Übung, um gelingen zu können.

Die allermeisten und dabei lebenswichtigsten Entscheidungen jedoch trifft dein Körper in jedem Augenblick, ganz ohne dein bewusstes Zutun oder deinen bewussten Willen – von deiner Zeugung bis zum leiblichen Tod. Du könntest keine fünf Minuten überleben, würde dein Körper nur funktionieren, wenn du jede einzelne Aktion bewusst steuern müsstest! Das sähe dann ungefähr so aus: Befehl an Lunge: atme ein, atme aus. Befehl an Herz: pumpe. Befehl an Niere: reinige das Blut. Befehl an Leber und Galle: entgifte und baue Alkohol ab. Befehl an Blase: sammle Urin. Befehl an Augen und Ohren: leitet Wahrgenommenes an Gehirn. Befehl an Gehirn: verarbeite das Wahrgenommene. Befehl an rechten Fuß: nach vorn schwingen. Befehl an linken Fuß: nach vorn schwingen. Befehl an rechten Arm: nach vorn schwingen, rechte Hand öffnen und Glas in die

Hand nehmen, Hand vorsichtig um das Glas schließen, Glas zum Mund führen. Befehl an Mund: öffnen. Befehl an Unterlippe: an den unteren Glasrand legen. Befehl an Hand: Glas langsam Richtung Mund kippen. Befehl an Speiseröhre: vorsichtig Schluck für Schluck die Flüssigkeit weiterleiten. – Soweit kämest du gar nicht: Du wärest mittlerweile tot zu Boden gesunken: Befehl an Lunge vergessen, Befehl an Herz vergessen …

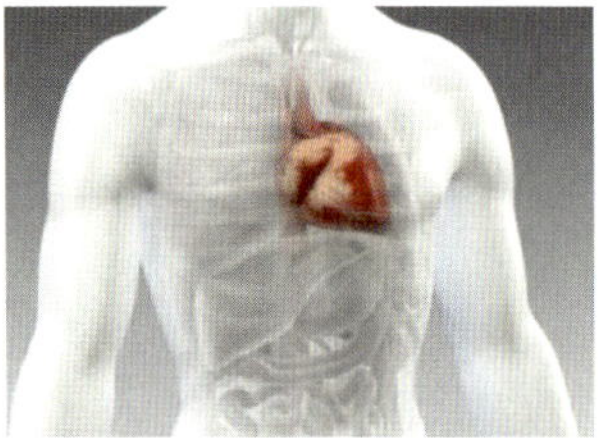

Erkennst du, dass das Wichtigste, was dir dein menschliches Dasein ermöglicht, gar nicht von deinem freien Willen abhängig sein kann? Wer oder was atmet dich? Wer oder was hält deine Herzpumpe am Laufen? Das Leben/die Liebe/Gott!

Und dennoch glauben viele Menschen, dass sie alles, was für sie lebensnotwendig und lebenswichtig ist, mit ihrem freien Willen bestimmen können, ja mehr noch: planen und bestimmen **müssen**.

Falls du auch so denkst, stelle ich dir jetzt einige Fragen, die als Denkanstöße dienen können: Wann hast du diesen freien Willen erstmalig zum Einsatz gebracht? War dein freier, menschlicher Wille ausschlaggebend dafür, dass du Mensch geworden bist? Hat dein menschlicher Wille deine Eltern dazu gebracht, dich zu zeugen? Hast du dir mit deinem menschlichen Willen Ort, Zeit und Familie ausgewählt, in die du geboren wurdest?

Hast du als Säugling freie Willensentscheidungen getroffen? Hattest du damals Wünsche – oder waren es nicht vielmehr Bedürfnisse? Gewiss hast du dein Hunger- und Durstgefühl lauthals kundgetan. Wenn dir deine Mutter dann Muttermilch anbot, hast du vielleicht diese Nahrung verweigert und energisch nach Kakao verlangt? Auch dein Bedürfnis nach Nähe wurde den Erwachsenen lautstark mitgeteilt! Doch hast du, wenn deine Mutter dich in den Arm nahm, weitergeschrien und auf einer Spazierfahrt mit dem Auto bestanden? Nein: Sobald deine Bedürfnisse gestillt waren, warst du zufrieden. Erst später, als dein Verstand begann, Worte und ihren Sinn zu verstehen und du dich mit ihrer Hilfe verständlich machen konntest, wurde dir von den Erwachsenen die Möglichkeit des Wünschens, des Auswählens nahegebracht. Du bist weitergewachsen, erwachsen geworden, nicht nur körperlich, auch deine ‚Ich will'- und ‚Ich will nicht'-Gedanken haben sich beständig vermehrt. Und mit ihnen die Wahrheit, du könntest durch bewusste Entscheidungen dein Leben lenken und beeinflussen, könntest entscheiden, ob du Ja sagst oder Nein, ob du rechts abbiegst, geradeaus weitergehst oder den linken Weg wählst.

Ist dies deine jetzige Wahrheit?

Wirf noch einmal einen Blick zurück in die Vergangenheit: Wurden die Entscheidungen, die dein Leben massiv beeinflusst und verändert haben, wirklich bewusst von dir getroffen? An dem Tag, an dem du deinen Partner kennenlerntest, hast du dir dies beim Erwachen konkret vorgenommen? War es nicht vielmehr so, dass gerade die Umstände, die dein Leben von Grund auf veränderten, völlig ungeplant und überraschend eingetreten sind? Ohne dass dein Verstandes- oder Ego-Wille beteiligt gewesen wären?

Viele Denkanstöße habe ich dir jetzt vorgelegt, die die Wahrheit der freien Willensentscheidung hinterfragen und in Frage stellen. Nun kommt mir zusätzlich noch eure Wissenschaft zu Hilfe: Hirnforscher machten mit mehreren Studenten folgenden Versuch: Der Proband saß an einem PC, seine Finger lagen tippbereit auf den Tasten. Nun sollte er, gleichzeitig mit seiner bewussten Willensentscheidung, entweder einen beliebigen Buchstaben mit der rechten oder mit der linken Hand tippen. Dabei wurden seine Hirnaktivitäten gemessen. Die Wissenschaftler konnten durch Aufzeichnungen nachweisen, dass die Hirnströme, die jeweils die Rechts- bzw. Links-Aktivität bestimmen, bereits 2 bis 10 Sekunden **vor** der subjektiven freien Willensentscheidung messbar waren.

Nun stellt sich natürlich die Frage: Wer oder was entscheidet bereits vor dem bewussten Denken, welche Aktion ausgeführt werden soll? Und tut dies so heimlich, dass der menschliche Verstand überlistet ist und der Mensch glaubt, *er* bestimme mit dem freien Willen, was er tut?

Ängstigt dich der Gedanke, fremdbestimmt zu sein? Womöglich eine Marionette, die nur das tun kann, was der ‚Strippenzieher' mit ihr macht? Und schon bist du auf dem Weg der **Selbstfindung**!

Die Wahrheit in der Welt der Selbstfindung

Die Angst vor dem Ausgeliefertsein an Stärkere, an ein unvermeidliches Schicksal und an Zufälle, die den einen treffen und den anderen verschonen, ist irgendwann so übermächtig, dass daraus die Sehnsucht nach einem Gott entsteht, der die Menschen liebt – und dem der Mensch bedingungslos vertrauen kann. In eurer westlichen Kultur erwacht dann oft ein tiefes Interesse an der Lebensgeschichte Jesu. Obwohl sein aus menschlicher Sicht furchtbares und ungerechtes Ende verunsichernd und abschreckend wirkt, hat seine Botschaft vom liebenden Vatergott eine starke Anziehungskraft auf Suchende.

Es ist ein langer Weg, den sie gehen. Ein Weg, den Jesus selbst gegangen ist – und den er für euch mit vielen Hinweisen und Wegweisern versehen hat: Er führt vom strafenden Gott des Alten Testaments, der den Menschen den freien Willen gibt – und oft, ohne einzugreifen, zusieht, wie die ‚Bösen' die ‚Guten' misshandeln, ausnutzen und töten – hin zum liebenden und fürsorglichen Vatergott.

Jesus wurde in eine Zeit hineingeboren, die ich als ‚Schwellenzeit' bezeichne. Er öffnete die Tür in einen neuen Raum der unmittelbaren Gottesbegegnung und erfuhr das Eins-Sein mit Gott. Obwohl fast 2000 Jahre nach eurer Zeitrechnung vergangen sind, harren noch viele Christen im alten Raum aus und hoffen auf Gerechtigkeit durch den Höchsten. Da es für sie undenkbar ist, dass Gott hinter all dem Bösen stehen könnte, das weltweit geschieht, **müssen** sie an den freien Willen eines jeden Menschen glauben.

Doch immer öfter tauchen Fragen im Inneren der Glaubenden auf, Fragen, die zu Zweifeln an dieser Wahrheit führen:

Wie verträgt sich das Bild des liebenden Gottes mit dem freien Willen, den er den Menschen gegeben hat? Würde ein menschlicher Vater zusehen, wie sein geliebtes Kind durch die eigenen Geschwister misshandelt und getötet wird? Würde er zustimmen, wenn eben dieses von den anderen zum Opfer ausgewählte Kind sich freiwillig opfern würde, um den Vater mit den Tätern zu versöhnen? Würde der Vater zu den Tätern sagen „Ich lasse dies zu, weil ich euren freien Willen respektiere"? Undenkbar! Genau aus diesem Grund tauchen sie tiefer in das Leben und die Botschaft Jesu ein, beginnen zu ahnen – und schließlich zu erfassen: Jesus selbst war es, der den freien Ego-Willen des Menschen als Illusion erkannte und seinen Auftrag darin sah, den Menschen zu vermitteln, dass alles, was geschieht, seinen Ursprung in der Liebe Gottes hat; dass alles einen Sinn hat, auch wenn der Mensch es mit seinem kleinen, begrenzten Verstand nicht fassen kann. Er ging den Weg des bedingungslosen Vertrauens, denn er hatte erkannt: *In mir und durch mich geht ein Größerer auf ein Ziel zu, das sich mein menschlicher Verstand gar nicht vorzustellen vermag. Der Weg mag menschlich schmerzhaft sein, doch leicht ist die Last, die die Gewissheit in die Liebe des Vaters mir nachträgt.*

Er fühlte sich so EINS mit diesem Vatergott, dessen Liebe er tief in sich fühlte, dass er die Gewissheit hatte: *‚Der Vater und ICH BIN EINS. Sein Wille ist mein Wille – und mein Wille ist Sein Wille.'* Dies gab ihm die Kraft, den Weg in das Dunkel des Todes zu gehen, und durch die Dunkelheit hindurch in ein Licht, das kein Mensch auch nur erahnen kann. *‚Wenn Gott EINS ist mit mir, dann gibt es keinen Tod, denn Er teilt Sein ewiges Leben mit mir.‘* Er hatte erkannt, dass sein Körper nur ein Transportmittel war, damit die Seele den Weg der Bewusstwerdung gehen konnte.

Mit vielen Gleichnissen versuchte er, den Menschen seine Wahrheit zu vermitteln. Sie konnten ihn nicht verstehen. Zu eingebrannt war die Wahrheit der alten Väter. Sie brauchten einen Weltenherrscher, einen Richter, einen Rächer. Dieser Glaube veranlasste sie, Jesus zu verurteilen und für seinen vermeintlichen Gottesfrevel mit dem Tod am Kreuz zu bestrafen. Einige wenige seiner engsten Jünger ließen sich vom Vatergott berühren und begannen, die Botschaft Jesu weiterzutragen.

Es ist ein weiter Weg, bis ein Mensch Gott in sich findet, Ihn erkennt, sich selbst als einen untrennbaren Teil der Göttlichkeit erfährt. Neue Fragen tauchen im Verstand des Sich-Selbst-Findenden auf: ‚Wenn **ich** ein Teil Gottes **bin**, wenn Er selbst durch mich diesen Erdenweg geht, was ist der Sinn des Daseins? Warum wird Gott Mensch? Warum gibt es dann nicht nur göttliche, gute Menschen? Warum ist die Erde kein Paradies?‘

Du siehst: Selbstfindung ist mit Tausenden von Fragen verbunden! Fragen, auf die es für den Verstand keine logischen Antworten gibt. Auch Jesu Verstand versuchte immer wieder Fragen zu stellen. Doch die Antwort aus seinem Herzen, die Gott selbst gab, war immer dieselbe: ‚ES IST GUT!‘

Diese Antwort gab Jesus nicht nur in Worten weiter, er lebte sie! Er gab sich völlig dem Augenblick der Gegenwart hin – und damit dem Leben/der Liebe/Gott.

Ein Mensch kann Gott in sich – und seine eigene Göttlichkeit – nur dann erkennen, wenn er den Weg des bedingungslosen Vertrauens geht, völlig erwartungs**FREI**. Im Gegenzug erhält er das Geschenk der **EINS**ICHT, der Sicht des EINEN.

Sobald ein Mensch beginnt, die Liebe Gottes in allem, was ist, anzuerkennen, haben ‚Wollen', ‚Müssen' und Schuldzuweisungen immer weniger Platz in seinem Denken, Fühlen und Handeln. Er ist sich immer mehr der Göttlichkeit in allem bewusst, erkennt sie selbst in der größten Dunkelheit, im schmerzhaftesten Umstand und in den von anderen Menschen als ‚böse' bezeichneten Mitmenschen.

Zum ersten Mal in seinem Dasein findet er in einer Wahrheit tiefen inneren Frieden, unabhängig von äußeren Umständen. Er erkennt immer klarer den Sinn des Lebens, bis er schließlich den fragenden, suchenden, zweifelnden Menschen in sich respektiert und in Liebe umarmt. Weißt du, was geschieht, wenn Liebe sich selbst berührt und umarmt? **Christus erwacht!**

Die Wahrheit in der Welt der Selbstlosigkeit

Selbstlosigkeit in seiner reinsten Form bedeutet die Abwesenheit des Egos. Es bedeutet völliges Frei-Sein jeglichen ‚Wollens', ‚Müssens', Bewertens und Verurteilens. Dieser Zustand ist dem Menschen nur im HIER und JETZT, in der Hingabe an den göttlichen Augenblick möglich. Selbst Jesus befielen am Kreuz durch die unvorstellbaren körperlichen Schmerzen große Zweifel an der Sinnhaftigkeit seines Lebens und Sterbens. Die Antwort Gottes auf seinen in tiefster Not ausgestoßenen Schrei „Mein Gott, mein Gott, warum hast du mich verlassen?"[3] war das Hineinnehmen in ein Licht und eine Liebe, die nicht von dieser Welt sind. Jesu Worte, entsprungen seiner Verklärung, lauteten: „Jetzt ist alles vollendet."[4]

Hätte Jesus den Menschen eine deutlichere Botschaft hinterlassen können? Sein Vermächtnis liegt in der Erkenntnis, dass zum Mensch-Sein Zweifel und Verzweiflung gehören und dass die Liebe/das Leben/Gott darauf nur eine Antwort kennt, die das Eins-Sein der Göttlichkeit mit dem Menschen bezeugt: „ICH BIN DA."

Ein selbstloser Mensch lebt nicht weltfremd, sondern erkennt, wie wichtig sein Dasein gerade für die Menschen ist, die unter den Wahrheiten der Selbstherrlichkeit, Selbstgerechtigkeit, des Selbstmitleids, der Sich-Selbst-Suche und Selbstfindung leiden und sich nach einer Wahrheit sehnen,

---

[3] Mt 27,46.
[4] Joh 19,30.

die tiefen inneren Frieden schenkt. Es fordert völlige Gegenwärtigkeit, Hingabe an den Augenblick und die Gewissheit um das Eins-Sein mit Gott, um inmitten der Suchenden nicht die Orientierung zu verlieren. Die anderen Wahrheiten sind für den Verstand glaubwürdig – und ihre Verfechter wissen sie gut zu verteidigen, wenn nötig mit Nachdruck und den Mitteln der Macht. Selbstlose Menschen, die in der Gewissheit leben, dass das Leben/die Liebe/Gott jede Wahrheit mitträgt, erkennen ihren Auftrag nicht darin, andere zu überreden, zu überzeugen und so vermeintlich aus Abhängigkeiten und Verzweiflung zu befreien. Das Einzige, was sie zu tun haben, ist: Gottes Liebe, Seinen Frieden und Sein Verständnis zu leben, zu verkörpern, zu SEIN!

Genug der vielen Worte! Genug der Denkanstöße für deinen Verstand! Mein nachfolgender Segen hilft dir, bei Zweifeln, Ängsten und Fragen in deinen inneren Frieden und dein Vertrauen zurückzufinden:

„Gesegnet bist du, göttliche Seele,

- mit der Erkenntnis, dass dir alles, was du für deinen Lebensweg und für dein Seelenwachstum benötigst, zur rechten Zeit und am rechten Ort zufällt[5] und in dein Dasein geschickt wird[6].

[5] Wahre Bedeutung für den Begriff ‚Zufall'.
[6] Wahre Bedeutung für den Begriff ‚Schicksal'.

- mit der Erkenntnis, dass dir alles, was dich auf deinem Weg der Bewusstwerdung behindern könnte, zur rechten Zeit und am rechten Ort genommen wird.

- mit der Erkenntnis, dass alles, was weltweit und zu jeder Zeit geschieht, nur den einen Sinn hat und dem einen Zweck dient, dich – und mit dir alles, was ist – wachsen und reifen zu lassen.

- mit Nachsicht und Verständnis gegenüber deinem begrenzten und oft zweifelnden Menschenverstand, der die göttliche Vorsehung, mit der du EINS und einverstanden bist, immer wieder in Frage stellt."

Das nachfolgende Kapitel und die darin enthaltene Meditation ermöglichen dir ein Fühlen des Eins-Seins mit der Liebe/dem Licht/mit Gott und runden meine wortreichen Erklärungen zum vorstehenden Thema ab.

Die unendliche Liebe dehnt sich durch dich aus

„Wenn die Angst auftaucht, zieht sich die Liebe zurück – und wartet.“ Dieser Satz aus der Jakobus-Geschichte[7] bezieht sich darauf, dass die Liebe niemals *gegen* etwas kämpft, sondern immer wartet, bis die Sehnsucht nach ihr so groß ist, dass aus dem Gegner ein Suchender, und aus dem Suchenden ein Liebender wird.

Jede Angst, egal welches Mäntelchen sie sich umhängt, hat ihren Ursprung im Glauben an ein Ausgeliefertsein an Umstände, auf die der Mensch keinen Einfluss hat. Das größte Ausgeliefertsein ist die Gewissheit um die Endlichkeit, Verletzlichkeit und Vergänglichkeit des Daseins. Es hat seinen Ursprung in der Begrenztheit des menschlichen Denkens. So stellen sich die meisten Menschen das Leben linear vor: Wie ein Lineal, das mit der Ziffer 0 beginnt und dessen Länge sie nicht vorhersehen können. Die Lebensjahresziffern, die schon hinter ihnen liegen, nennen sie Vergangenheit. Der kleine Lebenstagesmillimeter ist Gegenwart – und der Blick nach vorn macht Angst. Denn die Schlussziffer des Lineals kommt ‚todsicher‘.

Du glaubst, dass Gott ewig und unendlich ist, ohne Anfang und ohne Ende? Wie könnten dann Leben und Liebe je enden? Sind sie doch EINS mit Gott!

Lange Zeit glaubten die Menschen, die Erde sei eine Scheibe, von deren äußeren Rändern sie herunterstürzen könnten. Du weißt es besser: Die Erde ist rund – und hineingelegt in ein unendliches Universum.

---

[7] Teil 2 ‚Die Spirale der Liebe‘, Seite 181 ff., Bezugshinweis Seite 149.

Diese Beispiele und meine nachfolgende Meditation verhelfen dir zu einem inneren, gefühlten Erleben, welches dir die Unendlichkeit des SEINS in Erinnerung bringt, besser als es Worte je vermögen könnten. Es gelingt dir allerdings nur, wenn du für die Dauer meiner inneren Berührung deinen Verstand an die kurze Leine nimmst. Er würde nämlich in meiner Geschichte sofort nach ‚Unmöglichem' Ausschau halten, sich daran festbeißen und so dein Liebesempfinden schmälern oder sogar verhindern.

Wenn dein Vertrauen in mich, den Liebesgedanken Gottes – dir unter dem Namen Yasper vertraut –, groß genug ist, dann freue dich jetzt auf die Liebe, die in meine Erzählung hineingelegt ist. Sie wird dir ermöglichen, das zu fühlen, was mit dem begrenzten menschlichen Verstand nicht zu erfassen ist.

Das ‚EINE, das ICH BIN' ist wie eine unendlich große Lichtkugel mit einer unfassbaren Schöpferkraft. Es ist nicht statisch, sondern beständig in Bewegung und, obwohl bereits unendlich, in fortwährender weiterer Ausdehnung. Es besteht aus unzähligen einzelnen Lichtpunkten, die so miteinander EINS und verschmolzen sind, dass keine Trennung, keine Unterscheidung zwischen ihnen möglich ist. In ihrer Gesamtheit sind sie das Leben/die Liebe/Gott.

Das ‚EINE, das ICH BIN' besitzt *einen* Schöpfergedanken, der in einem einzigen Wort Ausdruck findet: LIEBE! Es ist eine reine Liebe: Liebe zu sich selbst, bedingungslos, erwartungsfrei, alles einschließend, was ist. Es ist eine Liebe, die grenzenlos ist – und sich deshalb immer weiter ausdehnt.

Wo könnte diese Ausdehnung sich anders vollziehen und sichtbar werden als an der Oberfläche der Lichtkugel? Stell dir einen Luftballon vor: Durch das Aufblasen nimmt sein Inhalt zu, seine Ausdehnung wird am wachsenden Umfang der äußeren Hülle sichtbar.

Bildhaft erklärt projiziert die grenzenlose Schöpferkraft des ‚EINEN, das ICH BIN' auf der Oberfläche der Lichtkugel dreidimensionale Bilder: eine sichtbare Welt entsteht! Raum ist genügend da, Zeit spielt keine Rolle. Aus sich selbst heraus, aus dem Inneren des EINEN, bildet sich in der Peripherie des Lichts ein ganzes Universum mit Sternen, Sonnen, Planeten, und mit der Welt, in der du lebst: Länder, Meere, Berge, Pflanzen, Tiere, Menschen – auch du! Da alles aus derselben Göttlichkeit entsteht, ist alles im Moment des Entstehens und in jedem Augenblick der Gegenwart göttlich: Berg gewordene Göttlichkeit, Wasser gewordene Göttlichkeit, Stein gewordene Göttlichkeit, Gras gewordene Göttlichkeit, Raubtier gewordene Göttlichkeit, Beutetier gewordene Göttlichkeit – und jetzt kommst du ins Spiel: Das ‚EINE, das ICH BIN' wählt aus sich selbst einen Lichtpunkt aus und begibt sich in ihm in die Peripherie des Lichts, wird Mensch, wird zum ‚ICH BIN DA', wird zu *dir*!

Du hast selbst erlebt, was gleichzeitig geschieht: Angekommen in der Materie bildet sich ein Wesen, das sich als Individuum und seine Welt als Realität wahrnimmt. Es verfügt über einen begrenzten menschlichen Verstand, aus dem sich mit der Zeit ein Ego-Wille entwickelt.

Die sichtbare Schöpfung ist niemals getrennt vom ‚EINEN, das ICH BIN'! Somit ist auch der Wille des Menschen untrennbar EINS mit dem Schöpferwillen!

Die Natur erleichtert dir das Verstehen: Betrachte einen kräftigen Baum. Du bist überzeugt, ihn in seiner ganzen Größe und Kraft zu sehen. Dabei nimmst du nur den Teil von ihm wahr, der über dem Erdboden wächst. Seine andere Hälfte, die ihm erst sein Entstehen, Wachsen und Dasein ermöglicht und ihn mit allem versorgt, was er benötigt, liegt unter der Erde und bleibt deinen Blicken verborgen.

Ebenso verhält es sich mit jedem Wesen, das sich in der Materie befindet: Der Lichtpunkt, den du Seele nennst, ist weiterhin untrennbar EINS mit dem EINEN und Seinem Schöpferwillen. Das, was sich ‚oberflächlich' zeigt und ereignet, scheint in der Materie Realität zu sein: Realität, auf die einige Mächtige scheinbar Einfluss haben und die sie durch ihren eigenen Willen formen können. Die Illusion ist so perfekt, dass – je älter ein menschliches Wesen wird – das EINS-SEIN in Vergessenheit gerät und nur noch die äußere Welt mit ihrer vom Verstand beweisbaren Verletzlichkeit, Abhängigkeit und Vergänglichkeit real scheint. Die Folgen sind Schuldzuweisungen aus der Vergangenheit, Ausgeliefertsein an die Gegenwart, Angst vor der Zukunft.

Nimm dir nun ein paar Minuten Zeit und betrachte das Bild, das ich dir eben zeigte, mit deinem inneren Auge:

Sieh die gleißend helle Lichtkugel, das ‚EINE, das ICH BIN', den Ursprung allen Seins …

Betrachte dir die äußere Hülle, die Peripherie, auf der die Welt, wie du sie wahrnimmst, projiziert ist …

Fokussiere dich nun selbst an dem Platz, an dem du dich jetzt gerade aufhältst …

Geh mit deiner inneren Wahrnehmung durch die äußere Hülle hindurch zum Ursprung allen Seins und nimm dich – Seele – als reines Licht wahr: untrennbar mit deinem Mensch-Sein verbunden …

Fühle das Eins-Sein mit dem ‚EINEN, das ICH BIN' …

Erinnere dich daran, dass der *eine* Schöpferwille dein Wille ist und dass alles, was in der Materie geschieht, der Liebe des EINEN entspringt …

Erkenne deinen Auftrag: Das Licht/die Liebe/Gott, aus dem alles entsteht, durch dein Mensch-Sein zu bezeugen und zu verkörpern!

Immer, wenn dies in der Peripherie des Lichts geschieht, wächst die Seele und dehnt sich dadurch das Licht/die Liebe/Gott weiter aus.

So wie in der Materie ein Baum seine Lebenskraft durch die Verwurzelung von Mutter Erde erhält, so erhält dein Mensch-Sein vom ‚EINEN, das ICH BIN' die Energie, die du brauchst, um das Licht nicht nur in dir zu erkennen, sondern es immer weiter auszudehnen – hinein in die Materie, die im Dunkeln liegt und sich nach nichts mehr sehnt als dem Licht, dem Ursprung allen SEINS …

Auch du, verkörperter Lichtpunkt, sehnst dich nach der Rückkehr zum ‚EINEN, das ICH BIN'. Wenn dein Auftrag in der Peripherie des Lichts erfüllt ist, wenn du – Seele – gewachsen bist und durch dich die Liebe sich weiter ausgedehnt hat, zieht ES dich in den Ursprung zurück. Im begrenzten Zustand des ‚ICH BIN DA' bleibt das ‚DA' zurück, wird als Sterben und Tod bezeichnet – und der Lichtpunkt verschmilzt mit dem ‚EINEN, das ICH BIN'.

Lass dich vom Foto auf der nächsten Seite berühren.[8] Es gewährt dir einen Blick auf das ‚EINE, das ICH BIN', das *unter* allem liegt, aus dem alles erschaffen ist, das alles IST.

---

[8] Bitte im Querformat betrachten, Baumstamm oben.
Originalfoto, aufgenommen von Julia Buob ©, alle Rechte vorbehalten. Das Lichtblatt wurde nicht nachträglich eingefügt, es wurde beim Herunterladen von der Speicherkarte auf den PC sichtbar.

Eine Frage ist nur die Verpackung für die Antwort

Kannst du mit der Überschrift dieses Kapitels so gar nichts anfangen? Dann kommen meine nachstehenden, zum Denken anstoßenden Botschaften ja gerade zur rechten Zeit.

Lass dir von mir eine Frage stellen, über die sich die Menschen seit Jahrhunderten ihre Köpfe zerbrechen: Was war zuerst da: Die Henne oder das Ei?

Ganz gleich, welche vorschnelle oder auch lange durchdachte Antwort dein Verstand gibt, beide mögliche Lösungen sind gleichzeitig logisch wie auch absurd. Denn wenn du die Meinung vertrittst, zuerst wäre selbstverständlich die Henne da gewesen, so erkläre mir doch, woher sie gekommen sein könnte, wenn nicht aus einem Ei. Liegt deine Wahrheit dementsprechend in der Antwort, dass natürlich vor der ersten Henne ein Ei vorhanden gewesen sein muss, so frage ich dich: Wer hat dieses Ei denn gelegt, wenn nicht eine Henne?

Du erkennst, dass meine Ausgangsfrage für den begrenzten menschlichen Verstand gar nicht so einfach zu beantworten ist. Für mich als Liebesgedanken Gottes gibt es nichts Einfacheres: Sowohl Henne als auch Ei haben ihren Ursprung in der Schöpferkraft Gottes – und sind in Ihm EINS. Das mag für Biologen und Freidenker zu simpel klingen. Sie haben gewiss eine wohlfundierte Erklärung, basierend auf der Evolution. Darauf antworte ich: Evolution und Schöpfung sind EINS. Der einzige Unterschied besteht darin, dass Evolution auf der Zeit-/Raum-Schiene stattfindet, Schöpfung dagegen jetzt … und jetzt … und jetzt im göttlichen Augenblick der Gegenwart. Um dies auf der Gefühlsebene erkennen und vertiefen zu können, empfehle ich die Denkanstöße des Kapitels ‚Gestern, heute und morgen? Oder *Hier und Jetzt?*' ab Seite 96.

Kommen wir nun von der Henne und dem Ei zum Thema dieses Kapitels:

Was ist zuerst da: Die Frage oder die Antwort?

Lass mich noch einmal zum Huhn zurückkehren: Wem oder was dient ihr Eierlegen? Nicht zuletzt dem Menschen, denn er nutzt das Ei als wichtige Nahrungsquelle. Der Henne selbst dient es zum Fortbestand ihrer Art.

Wem oder was dienen Fragen? Sie dienen der Entwicklung und Reifung des Menschen! Entspringen sie doch seinem Wissensdurst, der in Wahrheit die Sehnsucht nach Weisheit in sich trägt – und letztlich zur Frage aller Fragen führt: ‚Wer bin ich?'

Im Laufe der Bewusstwerdung erkennt der Mensch, dass es zwei Arten von Fragen gibt. Auch hier bringe ich wieder die Henne ins Spiel: Es gibt befruchtete und unbefruchtete

Eier. Um der Henne das erfolgreiche Brüten zu ermöglichen, braucht es einen Hahn. In der Zeit, in der sie auf den Eiern sitzt, richtet sie ihre ganze Energie und Aufmerksamkeit auf das Ausbrüten, das sie nur zur kurzen Nahrungsaufnahme unterbricht. Sind die Küken nach 20 oder 21 Tagen geschlüpft, verlässt sie ihr Nest und widmet nun ihre Kraft der Aufzucht. Sollte im Nest noch ein unbefruchtetes Ei sein, lässt sie es zurück, gezwungen durch die Nestflucht der Geschlüpften.

Die zurückbleibenden leeren Schalen dienen ihr wiederum als Nahrung und zur Aufstockung lebensnotwendiger Mineralien.

Ebenso gibt es befruchtete und unfruchtbare Fragen! Sehen wir uns zunächst die unfruchtbaren Fragen an. Sie entspringen deinem begrenzten menschlichen Verstand und beschäftigen sich meist mit sehr weltlichen Dingen. Viel Aufmerksamkeit, viel Energie, viel Zeit investierst du in sie. Manche von ihnen lösen sich von selbst auf oder werden durch neue, scheinbar wichtigere Fragen abgelöst. Andere sind so hartnäckig, dass sie dir sogar nachts den Schlaf rauben und dich krank machen. Es sind Fragen, die Schuldgedanken oder Angstgedanken entspringen. Erinnere dich: Beides sind Illusionen. Wundert es dich da, dass deine Seele dir schmerzhaft die Sackgasse bewusst macht? Dennoch sind unfruchtbare Egofragen nicht sinnlos. Das Leben/die Liebe/Gott lässt nichts Sinnloses zu! Unfruchtbare Fragen führen dich Schritt für Schritt näher zu den ‚Seelenfragen'.

Was tut eine Henne, die ein ergebnisloses Brüten unbefruchteter Eier erkennt und am Ende ihrer Kraft angelangt ist? Hunger und Schwäche zwingen sie, das Nest zu verlassen, Nahrung zu suchen und sich Ruhe und Erholung zu gönnen, bevor ein neues Ei in ihr heranreift und ihr ermöglicht, ihren Lebenszweck zu erfüllen.

Und du? Das Leben/die Liebe/Gott zwingt dich ebenso zur rechten Zeit durch fordernde Umstände und den Hunger nach Wahrheit, das unbefriedigende Grübeln in Angst- und Schuldthemen aufzugeben und die Herausforderung des Augenblicks anzunehmen, jetzt … und jetzt … und jetzt …

Die Hingabe an die Gegenwart trägt die Möglichkeit zu Wachstum in sich, oft auf eine Art, die deinem Verstand gar nicht in den Sinn gekommen wäre. Auch hier kannst du zum tieferen Verständnis noch einmal über das Kapitel ‚Das Leben ist ein Kreuzworträtsel' ab Seite 8 nachdenken.

Wie erkennst du nun den Unterschied zwischen einer unfruchtbaren Egofrage und einer von Gott befruchteten ‚Seelenfrage'?

Die Antwort darauf schenke ich dir nicht so einfach. Du darfst sie selbst ausbrüten. Ich leiste lediglich ein wenig Hilfe durch Fragen, die dich zur Lösung führen:

Stellt die Natur Fragen? Fragt ein Gletscher, wie lange er noch existieren wird? Fragt ein Berg, ob der nächste Frost einen Teil von ihm absprengen wird? Fragt das Meer, wann die nächste Ebbe kommt? Fragt ein Wirbelsturm, wie groß der Schaden sein wird, den er anrichtet, und wie viele Menschen durch seine Wildheit ums Leben kommen? Fragt ein Baum, was er zu tun hat, wenn die Tage kürzer werden und die Nächte kälter? Fragt eine frischgeschlüpfte Meeresschildkröte, in welcher Richtung das Meer liegt und wie es dort für sie weitergeht? Fragt ein Zugvogel, wann und in welche Richtung er fliegen soll? Fragt die Elefantenleitkuh, wohin sie die Herde führen soll, damit sie überleben kann?

Ich kenne deine Antworten: „Nein! Die Natur re-agiert auf die Umstände, die jetzt … und jetzt … und jetzt auftreten. Alles in der Natur folgt den Gesetzen, denen es unterworfen ist.“

Gehören die Menschen denn nicht auch der Natur an? Unterliegst *du* etwa nicht den natürlichen Gesetzen? Bist du ein *unnatürliches* Wesen?

Lass mich näher auf das Mensch-Sein eingehen: Hat ein Neugeborenes Fragen? Zur Erinnerung: Auch du warst einmal eines! Fragtest du im Mutterleib, was das Ganze soll? Fragtest du nach deiner Geburt, wie es nun weitergeht? Fragtest du, ob du in einer reichen oder armen Familie gelandet bist? Ob deine Eltern dich wirklich lieben können, obwohl du nur nutzlos herumliegst, nachts oft schreist und Windeln brauchst? Fragtest du dich, wann du endlich mobil sein wirst, krabbeln – oder noch besser, laufen kannst, um ein vollwertiges Mitglied der menschlichen Gesellschaft zu sein?

Auch hierauf antwortest du mir gewiss ohne langes Überlegen: „Nein, ein Neugeborenes kann noch gar nicht fragen, sein Verstand ist dazu nicht in der Lage. Es re-agiert auf die Umstände, macht auf seine natürlichen Bedürfnisse durch Weinen und Schreien aufmerksam und beruhigt sich, wenn diese ‚gestillt‘ sind.“

Aha: Als Neugeborenes warst also auch du noch ‚natürlich‘.

Lass uns gemeinsam in dein Kleinkindalter zurückgehen. Da fingst du nämlich an, Fragen zu stellen! Du nahmst dich noch nicht als ‚Ich‘ wahr, sondern benanntest dich als dritte Person: „Durst hat sie!“ „Nicole ist müde!“ „Bonbon will sie!“ Du hast begonnen, deine Bedürfnisse auszudrücken, deine Jetzt-Bedürfnisse! Weitere Fragen bezogen sich ebenfalls auf den gegenwärtigen Augenblick: „Was ist das?“ Dabei zeigtest du mit deiner kleinen Hand auf den unbekannten Gegenstand, der sich unmittelbar vor dir befand.

Erkennst du im Rückblick, was damals so selbstverständlich für dich war? **Die Antwort war bereits vor deiner Frage da! Sie stand – für deine Sinne wahrnehmbar – vor dir! Deine Frage war lediglich die Verpackung dafür!** Durch die Erklärung der Erwachsenen gelang es dir, das bisher Unbekannte zu verstehen.

Und heute? Mehrmals täglich schenkt dir das Leben durch einen banalen Umstand die Möglichkeit, das eben Erkannte zu praktizieren: Es läutet an deiner Haustür! Wie re-agiert dein Verstand? Stellt er etwa die Frage, ob da jemand draußen steht? Welch ein Unsinn! Die Tatsache, dass es läutet, ist ja der Beweis dafür, dass jemand da ist und Einlass begehrt. Die einfachste Lösung wäre, ganz einfach zur Tür zu gehen und zu öffnen!

Du kommst der Sache langsam näher, denn du erkennst: **Das Leben legt dir nur Gegenwartsfragen vor, auf die du – hier und jetzt – durch deine Re-Aktion sofort die Antwort bekommst.**

Lass uns das Beispiel mit dem Klingeln an der Haustür nun zum Vergleich einmal anders durchspielen. Dein Verstand stellt diesmal Ego-Fragen, die ihren Ursprung entweder in der Vergangenheit oder in der Zukunft haben:

„Wer kann das sein? Nur nicht voreilig öffnen, vielleicht ist es wieder die aufdringliche Nachbarin, die mich gestern schon so nervte! Oder einer dieser falschen Polizisten, die mich nur ausrauben wollen. Obwohl: Bei meiner Freundin klingelte es auch kürzlich – und da stand ein Geldbote vor der Tür!“

Es könnte sein, dass du zu lange zögerst und beim späteren Öffnen niemand mehr dasteht …

Die vielen verschiedenen Ego-Fragen, auf die du in diesem Fall keine Antwort mehr bekommen kannst, würden dich noch lange beschäftigen.

Es gibt noch eine andere Art von Fragen, die deine Energie und Zeit kosten: Planungsfragen! Auch hierzu ein dir gut bekanntes Beispiel: Du hast vor, in drei Wochen in Urlaub zu fahren. Frühzeitig beginnt dein Verstand, sich Gedanken über den Inhalt des Koffers zu machen. Dazu tauchen viele Fragen auf: „Wie wird das Wetter sein? Welche Erwartungen der Mitreisenden, des Hotels, der geplanten Aktivitäten gilt es zu erfüllen? Wie viel Reservekleidung soll ich mitnehmen, falls etwas verschmutzt oder beschädigt wird? Was ist, wenn der ganze Koffer verloren geht? Sollte ich nicht besser zwei Gepäckstücke mitnehmen und logischerweise das doppelt Mitgenommene getrennt einpacken?“ Erkennst du dich ein wenig darin? Dann ist dir das wiederholte Ein- und wieder Umpacken nicht fremd …

Die innere Unruhe, die dich im Vorfeld und auf der Reise begleitet, ist ein Energieräuber, denn dein Verstand ist sich darüber sehr wohl im Klaren: Trotz des umsichtigen Auswählens hast du auf nicht kalkulierbare Umstände nur begrenzt Einfluss.

Ich höre deinen Einspruch: Aber planen **muss** man doch. Dabei gibt es in deinem Bekanntenkreis Menschen, die dies nicht tun – und gerade deshalb viel sorgloser durchs Leben gehen als du! Vielleicht nennst du sie ein wenig abschätzig ‚Lebenskünstler'. Insgeheim beneidest du sie, denn sie verstehen ‚die Kunst des Lebens', die Neugeborene und Kleinkinder so selbstverständlich ausüben. Schade, dass du dich an diese sorglose Zeit deines Lebens nicht mehr erinnerst …

‚Lebenskünstler' im ursprünglichen Sinn sind nicht etwa Menschen, die nur auf Kosten anderer oder der Allgemeinheit lustig in den Tag hineinleben. Es sind vielmehr Menschen, die die Fülle des göttlichen Augenblicks wiederentdeckt haben und sie mit weit geöffneten Sinnen und Händen annehmen. Sie haben erkannt, dass jedes Planen nur ihren inneren Frieden raubt, die Gedanken gefangen hält und Kraft kostet. Sie haben an die Stelle des Planens etwas viel Besseres gesetzt: **Entscheidungs-FREUDE!**

Entscheiden kannst du dich nur im Augenblick der Gegenwart, jetzt … und jetzt … und jetzt – nach deinem besten Wissen und Gewissen, nach deinem Bewusstseinsstand und deiner geistigen und seelischen Reife. Wenn in dir die Gewissheit erwacht: ‚Ich bin zur rechten Zeit am rechten Ort, um dort das Rechte zu tun', dann hast du die Antwort auf den Augenblick, den das Leben dir jetzt schenkt, gefunden. Und diese Antwort besteht aus der bestmöglichen Re-Aktion auf den Umstand, den das Leben dir jetzt vorlegt. Sollten sich später die Umstände verändern, hindert dich nichts daran, dich erneut zu entscheiden.

Nach all meinen Erklärungen wird mir dein Verstand Recht geben, dass es Situationen gibt, in denen eine Entscheidung gar nicht möglich ist. Zu viele Faktoren stehen noch aus, zu viele Unsicherheiten liegen vor, zu viele andere Menschen sind beteiligt – und dennoch will der Verstand krampfhaft an der Suche nach Lösungen festhalten. Wenn du dir in diesen Fällen bewusst machst, dass du *jetzt* weder eine Entscheidung treffen noch konstruktiv handeln kannst, ist es dir möglich, dich dem ‚Nichts-tun-Können' ohne Bedauern hinzugeben. Ersetze die Unsicherheit und Zweifel deines Verstandes durch Vertrauen in das Leben/die Liebe/Gott, in der Gewissheit, dass sich alles zum Wohle der Beteiligten erfüllen wird, zur rechten Zeit. Dann wende dich unverzüglich wieder dem göttlichen Augenblick der Gegenwart zu, der neue Möglichkeiten und Antworten in sich trägt.

Du glaubst, dies sei schwierig umzusetzen? Dabei gelingt es dir in einer ganz alltäglichen Situation, ohne lange zu überlegen und ohne große Anstrengung, dich den Umständen hinzugeben: Wenn du auf einen Kreisverkehr zufährst und noch dreißig Meter entfernt bist, machst du dir da etwa Gedanken, ob du gleich ohne abzubremsen in ihn einfahren kannst oder ob ein darin fahrendes Verkehrsmittel Vorfahrt hat? Nein, denn der Verkehrsfluss entscheidet es für dich, zur rechten Zeit. Falls du dir nicht sicher bist, welche der Ausfahrten du zu nehmen hast, nimmst du dann die erstbeste? Nein, denn der Kreisverkehr schenkt dir die Möglichkeit, erst einmal rundherum zu fahren und dir in aller Ruhe die Hinweisschilder anzuschauen. Es hindert dich auch niemand daran, diese Ehrenrunde mehrmals zu machen. Und da du jetzt gerade diese Zeilen liest, gehe ich davon aus, dass du bis jetzt noch jedes Mal die richtige Ausfahrt genommen hast und an dem Ziel angekommen bist, das für dich vorgesehen war.

Was so simpel im Alltag funktioniert, gelingt genau so in jeder Lebenssituation! Das Leben/die Liebe/Gott – und im Eins-Sein mit Ihm deine Seele – entscheidet in jedem Augenblick durch die gegebenen Umstände selbst, wohin dein Weg führt. Erinnere deinen ungeduldigen Verstand immer wieder daran, dass er begrenzt ist und sich alles zur rechten Zeit und am rechten Ort zeigen, entscheiden und optimal lösen wird, so wie es vorgesehen ist.

Das bedeutet allerdings nicht, dass du ab jetzt die Hände in den Schoß legen und glauben kannst, du bräuchtest gar nichts mehr selbst dazu zu tun. Was würde denn passieren, wenn du zwar in den Kreisverkehr einfädeln könntest, dies aber nicht tust, weil du gerade keine Lust dazu hast? Die nachfolgenden Fahrer würden dir gewiss dabei helfen, zur rechten Zeit und am rechten Ort auf die Umstände zu reagieren …

Was hindert dich daran, die ‚Lebenskünstler-Einstellung' einmal für einige Tage auszuprobieren? Einen kleinen Tipp gebe ich dir dazu: Sobald du wahrnimmst, dass dein Verstand eine Frage formuliert, halte inne und prüfe, ob es eine unfruchtbare Ego-Frage ist, die in die Illusionsräume der Vergangenheit oder Zukunft führt – oder eine von

Gott befruchtete Frage, deren Antwort du hier und jetzt nicht suchen, sondern dir einfach bewusst machen kannst.

Was war zuerst da? Die Henne oder das Ei?

Was ist zuerst da? Die Frage oder die Antwort?

Eine befruchtete Frage ist nur die Verpackung für die göttliche Antwort! Pack sie einfach aus, hier und jetzt!

Eine unfruchtbare Frage löst sich von selbst auf, früher oder später …

Ich schenke dir für deinen weiteren Weg einen ganz besonderen Segen:

„Gesegnet bist du

- mit der Erkenntnis, dass sich Fragen, die dein Ego vorlegt, auf die Vergangenheit oder die Zukunft beziehen. Sie konfrontieren dich mit alter Schuld, mit Wünschen, Erwartungen und Ängsten. Auch wenn dein Verstand darauf eine Antwort findet, werden dich immer wieder innere Unruhe und Unzufriedenheit quälen. Dennoch tragen Ego-Fragen ein Geschenk in sich: Sie lassen in dir die Sehnsucht nach innerem Frieden wachsen, den du nur im Raum der Gegenwart finden kannst.

- mit der Erkenntnis, dass deine Seele dem Verstand nur von Gott befruchtete Fragen vorlegt, auf die du im Raum der Gegenwart, im HIER und JETZT des göttlichen Augenblicks, Antworten findest – und in ihnen tiefen, inneren Frieden.

- mit der Erkenntnis, dass die Vorsehung manchmal ihr Licht vorauswirft und dein Verstand durch die für ihn nicht erfassbare und benennbare Ahnung verunsichert wird. Nutze dann die Geduld und Gelassenheit deiner Seele, um die Zeit zu überbrücken, bis die ‚Seelenfrage' ganz in der Gegenwart deines Mensch-Seins angekommen ist – und die Weisheit dir die Antwort schenkt.

Gesegnet bist du, denn du gehst deinen Weg."

Das Spiel des Lebens

Lass dir zu diesem Thema eine Eingangsfrage stellen: Ist das Leben für dich ein Spiel – oder ein Kampf? Kannst du die Umstände, die das Leben/die Liebe/Gott dir jetzt gerade vorlegt, mit Leichtigkeit annehmen und im Vertrauen darauf re-agieren – oder siehst du in ihnen gnadenlose Herausforderer und Gegenspieler?

Ich zeige dir jetzt einige imaginäre Bilder, die es dir ermöglichen, die Spielregeln für das ‚Spiel des Lebens' zu erkennen und gewinnbringend für dich einzusetzen:

Eine junge Mutter spielt mit ihrem einjährigen Kind das erste Ballspiel, das dem Kleinen möglich ist: Beide sitzen sich auf dem weichen Teppichboden gegenüber. Ihre gespreizten Beine berühren sich an den Fußsohlen und bilden so in der Mitte ein Spielfeld. Die Mutter hält einen weichen Ball in den Händen und rollt ihn langsam und gezielt ihrem Kind entgegen. Das Spielzeug findet ganz von selbst den Weg in die erwartungsvoll geöffneten Patschhändchen. Voller Freude und Begeisterung re-agiert das Kind und rollt den Ball zu seiner Mutter zurück. Diese lobt den kleinen Mitspieler, nimmt die weiche Kugel an – und das Spiel wiederholt sich, immer und immer wieder. So fördert die liebende Mutter die Auffassungsgabe, die Reaktion und die Geschicklichkeit des Kleinen und unterstützt so seine Entwicklung.

Es käme der Frau nie in den Sinn, den Ball mit brachialer Gewalt dem Kleinen entgegenzuschleudern. Sie würde dem

Kind ja dadurch die Freude am Spiel nehmen und könnte es schlimmstenfalls verletzen. Ebenso unsinnig wäre es, würde sie den Ball außerhalb des kleinen Spielfelds werfen. Und dem Sprössling würde ebenfalls die Lust am Spiel vergehen, wenn sie ihn beständig austricksen würde, indem sie das Rollen nur andeutet und dann den Ball hämisch lachend bei sich behält.

Du erkennst: Dieses Spiel macht nur dann Freude, wenn es **miteinander** gespielt wird, nicht **gegeneinander**. Nur so gibt es keinen Verlierer, denn beide Mitspieler gehen als Gewinner hervor.

Das Kind wird älter und das Hin- und Her-Rollen eines Balles wird ihm bald zu langweilig. Das Spiel wiederholt sich im Stehen, wobei der Abstand zwischen den Spielern anfangs noch recht gering ist. Das Prinzip ist dasselbe: **Miteinander spielen, damit es nur Sieger gibt.**

Aus dem Kleinkind wird ein Schulkind, das jetzt größere Ansprüche an Ballspiele stellt. Es wird Zeit für die Eltern, ihm das Federballspiel beizubringen. Auch hierbei wird anfangs der Abstand zwischen den Spielern eher gering gehalten, um durch das erfolgreiche und zielgenaue Werfen und Fangen des Federballs die Spielfreude aufrechtzuerhalten. Der Erwachsene ist immer darauf bedacht, den Ball so zu zielen, dass dem Kind ein leichtes Annehmen und Zurückwerfen ermöglicht wird. Das Ziel dieses Spieles ist es, gemeinsam möglichst viele Ballwechsel zu absolvieren, ohne dass der Ball zu Boden fällt. Auch hier ist es ein **Miteinander**, ein ge-

meinsames Gewinnen. Für das Kind bedeutet es wiederum ein Wachsen an Reaktionsvermögen, Geschicklichkeit und Ausdauer – und für den Erwachsenen eine Freude, diese Entwicklung zu beobachten und zu fördern. Es käme ihm nie in den Sinn, absichtlich den Ball so zu schmettern, dass sein kindliches Gegenüber keine Chance hat, das Spiel erfolgreich weiterzuführen.

Nun kommt ein Schnitt in der Entwicklung eines Kindes. Schon vorher hat es bei anderen Spielen erfahren, dass es nicht nur Sieger gibt, sondern auch Verlierer, die ausgelacht werden. Keiner will gern der ‚Schwarze Peter' sein oder als Letzter mit seinen Spielsteinen das Ziel erreichen. Viele Tränen und Wutausbrüche begleiten das Erkennen, dass es Spiele gibt, bei denen **gegeneinander** gespielt wird.

Ist es da verwunderlich, dass der Heranwachsende sich auch bei den Ballspielen zunehmend für ‚Wett-**Kampf**-Spiele' interessiert? Um sich nicht nur in Mannschaftssportarten mit der gegnerischen Mannschaft zu messen und kollektiv zu gewinnen oder zu verlieren, suchen sich einige das Tennisspiel aus und vergleichen sich in Kämpfen mit einem Einzelgegner. Viel Übungszeit, viel Schweiß und Schmerz werden investiert, um Aussicht auf Erfolg haben zu können. Ziel dabei ist es, den Tennisball so über das Netz zu schmettern, dass der Gegner ihn nicht erreichen und somit nicht zurückschlagen kann. Dafür gibt es Punkte – und am Schluss einen Sieger und einen Verlierer. Gewiss hast du schon einmal gesehen, wie Tennisspieler bis an den Rand des körperlichen Zusammenbruchs gehen und hin und her hetzen, alles mit dem Ziel, den anderen zu ‚schlagen'. Gelingt dies nicht, wird manchmal sogar aus Wut der

Schläger zertrümmert. Hinzu kommt: Bei großen Tennisturnieren geht es neben dem Erfolg auch um sehr viel Geld.

Was würde passieren, wenn der andere Spieler das Ganze als harmloses Federballspiel ansehen würde und beständig in der Mitte des Spielfelds stehen bliebe? *Er* wäre ja bestrebt, seinem Gegenüber gut zu erreichende Bälle zuzuspielen. Nun, sein Gegner würde sich darüber freuen, ihn als dumm betrachten und – um zu gewinnen – die Bälle absichtlich in die rechte oder linke Ecke ballern. Da er aber immer mit einer Falle des anderen rechnen würde, stünde er beständig unter Spannung, würde irgendwann das Spiel entnervt abbrechen und sich einen Gegner suchen, der das Match richtig ‚spielt'.

Warum ich dir das alles erzähle? Weil du in meiner Aufzählung der Miteinander- und Gegeneinander-Ballspiele die Art erkennen kannst, wie unterschiedlich ein Mensch auf Umstände des Lebens reagieren kann:

Neugeborene und Kleinkinder nehmen alles Geschehende, alles auf sie Zukommende als Geschenk des Lebens/der Liebe/Gottes vertrauensvoll an. Sie sind mit ihrem göttlichen Ursprung noch so eins, dass sie nichts, was geschieht, in Frage stellen. Sie kennen weder ein ‚Ich will' noch ein ‚Ich muss'. Sie sind verkörpertes ‚ICH BIN DA'. Zwar haben sie aufgrund ihrer Körperlichkeit Bedürfnisse, die sie lautstark kundtun. Sie re-agieren auf Hunger- und Durstgefühl, auf Schmerzen, auf äußere Reize wie Lärm, Kälte, Hitze, Nässe. Erkennst du darin das erste Beispiel meiner Ballgeschichten? Das Leben spielt durch Bedürfnisse und Umstände dem Kind den Ball zu – und das Kind re-agiert! Das Leben nimmt die Re-Aktion des Kindes an und rollt ihm den nächsten, lösenden Umstand zu.

Vielleicht gelingt es dir, für ein paar Minuten in das Kleinkindalter und in meine Beispiele hineinzufühlen? Dann wirst du mir bestätigen, dass in diesem Alter keine Wünsche und keine Ängste aufkommen. Alles, was wichtig ist, erfährt im Augenblick der Gegenwart volle Aufmerksamkeit, Re-Aktion und Lösung.[9]

Das Kind wächst und wird älter, und in gleichem Maße wachsen auch, durch das ‚Vorbild' der Erwachsenen, seine Wünsche, Erwartungen und Ängste. Der Abstand zwischen dem Leben, das ihm die Umstände vorlegt, und dem kindlichen Empfänger vergrößert sich dadurch. Wie beim Ballwerfen in die Hände erfährt das Kind, dass es selbst Einfluss auf seine Re-Aktion hat. Vielleicht macht es ihm ab und zu Spaß, sein Gegenüber auszutricksen? In dieser Entwicklungsphase erlebt es selbst ebenfalls Enttäuschungen, die in ihrer Folge Angst vor weiterem Versagen beinhalten.

Als Jugendlicher und Erwachsener wird der Mensch noch mehr abgelenkt von dem, was das Leben/die Liebe/Gott ihm vorlegt. Wichtiger, als nur zu re-agieren, erscheint ihm nun, dass seine Wünsche erfüllt werden oder dass das, wovor er Angst hat, nicht eintrifft. So lenkt er seine Aufmerksamkeit und seine Energie in die Illusionen der Ängste und Wünsche. Bildhaft gesehen schmettert er seine Bälle in die linke Ecke des ‚Gegners', des Lebens. Hier landen die meisten ‚Wunschillusionen' im Aus. Oder er pfeffert sie

---

[9] Siehe auch Seite 8 ff. ‚Das Leben ist ein Kreuzworträtsel'.

mit großem Kraftaufwand in die rechte Ecke, in der die ‚Angstillusionen' größtenteils verpuffen. Lange Zeit zieht der Mensch daraus sogar Erfolgserlebnisse, denn manche seiner Wünsche gehen in Erfüllung. Was er zu diesem Zeitpunkt nicht erkennt, ist: Die Vorsehung hätte sie ihm sowieso ins Leben geschickt, weil sie seinem Seelenwachstum dienen. Und manche Angstszenarien, denen er scheinbar aus eigener Anstrengung entgehen konnte, wären ohnehin nicht eingetreten, da sie sein Seelenwachstum behindert hätten.

Eines ist sicher: Durch sein Wollen und Müssen weicht er den Umständen aus und lässt die meisten ‚Bälle', die das Leben ihm gezielt zuwirft, unbeachtet. Nimmt er doch einen davon an, schlägt er ihn, seinen eigenen Spielregeln folgend, in die Wunsch- oder Angstecke. Irgendwann gibt er ermattet und enttäuscht auf, in der Überzeugung: „Das Leben ist ein Kampf, den ich nur verlieren kann!"

Und das Leben/die Liebe/Gott? Wartet nur darauf, dass das begrenzte Mensch-Sein sich an die eigene Göttlichkeit erinnert; daran erinnert, dass das Leben ein Spiel ist!

Entsinne dich an Zeiten, in denen du all dein Wollen und Müssen aufgegeben hast, weil du selbst nichts mehr tun und auch keine Hilfe von außen mehr erhoffen konntest. In denen dir nichts anderes mehr möglich war, als loszulassen und deine Hände zu öffnen für die Hilfe und Rettung von oben, von ganz oben. Da gelang es dir plötzlich, in deiner Mitte ruhig stehen zu bleiben und abzuwarten, welche Lösung das Leben dir anbieten würde. Im imaginären Bild des Tennismatches wäre es so, als würdest du resigniert und kraftlos den Tennisschläger zur Seite legen, den lange vernachlässigten Federballschläger zur Hand nehmen und bereit sein, dich auf das gewinnbringende Spiel aus deiner Kindheit einzulassen.

Erinnerst du dich? Da warst du bereit, den vom Leben/der Liebe/Gott zielgenau zugeworfenen Ball anzunehmen, darauf zu re-agieren – und das Spiel des Lebens konnte weitergehen.

Auf welchem Spielfeld stehst du heute? Welchen ‚Schläger' hältst du in der Hand? Wie siehst du dein Gegenüber, das Leben? Stehst du in der Mitte? Bist du bereit, die Bälle – die Umstände des Lebens – so anzunehmen, wie sie auf dich zukommen? Ohne auszuweichen? Im Vertrauen darauf zu re-agieren? So wie du es als Kleinkind getan hast?

Gib dir selbst die Antworten – und entscheide dann, ob du dich auf das Spiel des Lebens einlässt. Ein Spiel, in dem es nur Gewinner gibt …

Das Hohelied der Liebe

Was ist wichtiger: Die Melodie oder das Instrument? Du stimmst mir gewiss zu: Eine Melodie ohne Instrument (wobei ich auch die Stimme zu den Instrumenten zähle) besteht lediglich aus Zeichen auf einem Blatt Papier. Andererseits ist ein Instrument ohne Melodie, die aus ihm herausgeholt werden kann, lediglich ein Stück Materie.

Was ist wichtiger: Das Instrument oder der einzelne Musiker, der es zu spielen versteht? Nun – ein Meisterinstrument ohne Musiker kann gewiss ein wertvolles Dekorations- und Ausstellungsobjekt oder eine außergewöhnliche Geldanlage sein. Doch den ihm zugedachten Zweck kann es nicht erfüllen. Andererseits ist ein begnadeter Musiker ohne sein Instrument ein sehr unglücklicher und unzufriedener Zeitgenosse.

Was ist wichtiger: Der einzelne Musiker oder das Orchester? Auch der beste Musiker, der großartige Konzertstücke spielen möchte, kann ohne weitere Orchestermitglieder lediglich die Passagen darbieten, die für sein Instrument geschrieben sind. Andererseits ist ein Orchester ohne Musiker überhaupt nicht denkbar.

Was ist wichtiger: Das Orchester oder der Dirigent? Stell dir ein großes Orchester ohne Dirigenten vor, der den Takt vorgibt, die ganze Partitur kennt, der mit jedem einzelnen Orchestermitglied die letzten Feinheiten herausarbeitet und die vielen Musiker und Instrumente zu einem Ganzen zusammenfügt. Es wäre nur ein Zusammenschluss von einzelnen Könnern, bei denen jeder für sich seine Melodie spielt, ohne auf die anderen zu achten. Welch ein Durcheinander, ja Missklang würde entstehen! Andererseits: Was wäre der beste Dirigent ohne ein Orchester, das aus begabten, begeisterten und zur Unterordnung bereiten Musikern besteht? Deren Anspruch darin liegt, ein unvergleichlich schönes und harmonisches Ganzes erklingen zu lassen?

Was ist wichtiger: Der Dirigent oder der Komponist? Ohne Komponisten stünde der beste Dirigent ratlos mit erhobenem Taktstock vor dem Orchester, hätte er doch weder Partitur noch die Einzelstimmen, die er den Musikern aushändigen könnte. Andererseits: Was wäre der beste Komponist ohne einen Dirigenten, der fähig und bereit ist, seine Komposition mit dem Orchester einzuüben und so hörbar zu machen?

Was ist wichtiger: Der Komponist oder die Melodie? Stell dir einmal einen Komponisten vor, der in seinem Inneren keine Melodie mehr hört … Andererseits ist jede Melodie, um in die Welt zu kommen, auf einen Menschen angewiesen, der sie wahrnimmt und in eine lesbare Notenschrift umsetzt.

Der Kreis meiner Fragen schließt sich – und die Antwort auf alle diese Fragen erschließt sich dir: Das eine bedingt das andere! Erst der Zusammenschluss und die Bereitschaft der Vielen, ein gemeinsames Werk zu tun, ein jeder nach seinem Talent und nach seinen Kräften, ermöglicht den Erfolg. Dies gilt für alles, im Großen wie im Kleinen.

Gewiss kennst du die nachfolgenden Zeilen von Joseph Freiherr von Eichendorff:[10]

Schläft ein Lied in allen Dingen
die da träumen fort und fort,
und die Welt hebt an zu singen,
triffst du nur das Zauberwort.

Du bist ein wichtiger, ja unverzichtbarer Teil des Zaubers! Nur mit dir gelingt es, das Zauberwort in die Welt zu bringen, damit sie zu singen, zu schwingen, zu klingen beginnt – und das Hohelied der Liebe anstimmt.

Du bist ein wichtiger, unverzichtbarer Teil des großen Menschheitsorchesters, das seit Beginn der Menschheit die göttliche Sinfonie der Liebe übt.

Kehren wir noch einmal gemeinsam in einen weltlichen Konzertsaal zurück, um einer Orchesterprobe beizuwohnen.

[10] Joseph Freiherr von Eichendorff, aus seinem Gedicht „Wünschelrute".

Schauen wir uns zunächst die einzelnen Orchestermitglieder und ihre Instrumente an: Da gibt es den **Ersten Geiger**, der eine ganz besondere Funktion hat. Du kennst gewiss den Begriff ‚die erste Geige spielen'. Gemeint ist damit umgangssprachlich ein Mensch, der im Mittelpunkt steht, den Ton angibt, Verantwortung übernimmt und andere führt. Im Orchester wird der Erste Geiger auch **Konzertmeister** genannt, denn er steht dem Dirigenten als rechte Hand zur Seite und folgt diesem in der Hierarchie des Orchesters.

In der Regel beruft ein Gremium des Orchesters den Konzertmeister. Er ist eine wichtige Schaltstelle zwischen dem Orchester und dem Dirigenten, wenn es um künstlerische Belange oder andere Anliegen der Musiker an den Dirigenten geht. Seine Wahl ist von großer Bedeutung. Nicht nur virtuoses Können am Streichinstrument, das er in Soli beweist, sondern auch soziale Kompetenz werden vorausgesetzt. Nur durch sie kann er seiner Verantwortung gegenüber dem Orchester gerecht werden, neue Musiker bei der Integration in den Klangkörper unterstützen und ein würdiger Repräsentant des Orchesters sein.

Auch im Leben außerhalb von Konzertsälen spielen Menschen die ‚erste Geige'. In jeder Beziehung, jeder Familie, in Betrieben und Organisationen, in der kleinen wie großen Politik steht immer einer ganz vorne. Nimm dir jetzt ein paar Minuten Zeit, um dir – angefangen in deinem nächsten Umfeld bis hin zur großen Weltpolitik – einige dieser Menschen anzuschauen, die dort die ‚erste Geige' spielen. Erfüllen sie die Kriterien, die vom Konzertmeister eines Orchesters vorausgesetzt werden? Sind sie Könner, Experten auf ihrem Gebiet? Setzen sie sich für die Menschen ein, für die sie Verantwortung übernehmen? Stehen sie schwächeren Mitgliedern hilfreich und unterstützend zur Seite? Suchen sie nach Lösungen für auftauchende Probleme? Lösungen, die dem Ganzen dienen und keine Verlierer zurücklassen? Oder stellen sie sich in den Mittelpunkt um ihrer selbst willen? Um ihre Machtgelüste auszuleben und ihr Ego durch Unterdrückung anderer aufzuwerten?

Vielleicht bist du ja selbst in irgendeiner Art und Weise ein ‚Erster Geiger'? Hast du dich selbst dazu ernannt oder wurdest du aufgrund deiner Kompetenz dazu berufen? Versuche die Fragen aufrichtig zu beantworten …

Was geschähe, wenn ein Dirigent einen unfähigen Konzertmeister akzeptieren würde? Frust und Lustlosigkeit kämen bei den anderen Musikern auf! Die Entlassung des Ersten Geigers wäre die einzig richtige Konsequenz, um den Fortbestand des Orchesters und eine gelungene konzertante Aufführung im Sinne des Komponisten zu gewährleisten.

Wenn du dir die ältere und auch jüngere Weltgeschichte anschaust, so findest du meine Aussage bestätigt: Keiner der Despoten, die nur ihr eigenes Wohl im Auge hatten, konnte sich auf Dauer auf seinem selbsterbauten Thron halten. Sobald das Leben/die Liebe/Gott die Gewissheit besitzt, dass alle daran Beteiligten ihre – die Seele reifenden – Erfahrungen gemacht haben, wird der ‚Herrscher' durch die Unterdrückten entmachtet, festgesetzt oder davongejagt.

♪

Zurück im Konzertsaal wenden wir uns nun dem **Dirigenten** zu. In früheren Zeiten wurde er auch **Kapellmeister** genannt. Er hat den Auftrag, das musikalische Meisterwerk des Komponisten zur Aufführung zu bringen. Er ist es, der aus den vielen einzelnen Musikern mit ihren vielen unterschiedlichen Instrumenten ein Orchester formt. Er ist es, der die Komposition bereits vor der ersten Probe in allen Einzelheiten und ihrer Gesamtheit verinnerlicht hat, sie in seinem Herzen hört und sein ganzes Können, seine ganze Begeisterung einsetzt, um das musikalische Kind des Komponisten vielen Menschen zugänglich zu machen.

Das virtuoseste Musikstück in den Händen eines ungeeigneten Dirigenten ist zum Scheitern verurteilt. Falls der Komponist die Möglichkeit dazu hat, wählt er den Dirigenten aus, der in *seinem* Sinne *seine* Musik zum Leben erweckt.

♪

Wer ist denn nun der **Komponist** des Hohelieds der Liebe? **Es ist das Leben/die Liebe/Gott selbst!**

Und der **Dirigent** des großen Menschheitsorchesters? Es ist Christus, der seit Anbeginn der Menschheit das Orchester formt und führt. Sein Auftrag ist es, jedes einzelne Mitglied der Menschheit optimal einzusetzen, bis die Liebessinfonie in ihrer ganzen Schönheit und Göttlichkeit erklingt! Er ist es, der über unendliche Geduld mit allen Übenden verfügt, denn: Er ist eins mit der Melodie, eins mit dem Komponisten und eins mit jedem einzelnen Mitglied des Orchesters.

Auch wenn meine folgende Aussage für deinen Verstand schwer annehmbar ist: Er ist auch eins mit den vielen Anführern in Politik, Religionsgemeinschaften und Wirtschaft – ob von ihren Untertanen gewählt oder selbsternannt – die weltweit und zu jeder Zeit versuchen, ihre eigenen Vorstellungen umzusetzen, wenn es sein muss, auch mit Gewalt. Die damit verbundenen schmerzhaften Erfahrungen, die alle daran Beteiligten machen, sind heilsam und, obwohl es vielleicht über einen längeren Zeitraum nicht erkennbar ist, für das Menschheitsorchester durchaus förderlich. Wenn die Unterdrückung zu stark wird, formieren sich die einzelnen Mitglieder, stellen sich gegen den ungeeigneten Befehlshaber und sorgen für seine Entmachtung. Die Neuwahl eines geeigneteren Vertreters der Gemeinschaft, der bereit ist, dem Ganzen zu dienen, ist Ansporn für alle, sich nun mit doppelter Energie für ein Gelingen der Liebessinfonie einzusetzen! Alles hat einen Sinn!

Nun kommen wir endlich zu den einzelnen **Musikern** und **Instrumenten** eines weltlichen Orchesters. So viele talentierte Menschen mit so vielen unterschiedlichen Instrumenten vereinen sich zu einem großen Klangkörper, um eine musikalische Komposition zum perfekten Erklingen zu bringen. Wer hier nicht gebraucht wird, sind Egoisten und Narzissten!

Ebenso hinderlich für das Gelingen wäre der Vergleich eines Einzelnen mit den anderen. Stell dir einmal vor, der Spieler einer Piccolo-Flöte vergleicht sein kleines, handliches Instrument mit einem Kontrabass: Welches der beiden ist wertvoller? Welche Stimme ist schwieriger und anspruchsvoller zu spielen und damit wichtiger? Welchen Stellenwert innerhalb des Orchesters nehmen sie jeweils ein? Sind mit diesen Gedanken nicht gleichermaßen Hochmut wie Minderwertigkeit Tür und Tor geöffnet? Ist damit nicht ein harmonisches Miteinander von vorneherein zum Scheitern verurteilt?

Weitere Möglichkeiten des Bewertens wären die unterschiedlich langen Einsätze der einzelnen Musiker, die Lautstärke ihrer Instrumente, die Sitzordnung, die Dauer der Zugehörigkeit zum Orchester und einiges mehr. Doch ist dies aus Sicht des Werkes wirklich wichtig? Zählt nicht viel mehr das musikalische Ergebnis? Das harmonische und perfekte Zusammenspiel nach Vorgabe des Dirigenten? Gilt der Schlussapplaus nicht allen gemeinsam?

Und damit kommst du selbst in den Fokus meiner Betrachtungen, bist du doch ein unverzichtbares Mitglied des Menschheitsorchesters: Du bist Musiker und Instrument gleichzeitig! Musiker ist deine Seele, Instrument dein Mensch-Sein mit all deinem Wissen, Können, deinen Talenten und Fähigkeiten.

Schließ einmal kurz deine Augen und lass deinen inneren Blick, ohne ihn vom Verstand bewusst zu lenken, über ein Orchester schweifen. Siehst du dich inmitten der vielen Musiker sitzen? Welches Instrument hältst du in den Händen? Schau es dir ganz wertungsfrei an.

Es könnte sein, dass du jetzt einigermaßen überrascht bist. Hast du bei dir bis jetzt vielleicht noch gar keine musikalischen Ambitionen festgestellt? Verursacht das gefühlsmäßig ausgewählte Instrument erstauntes Kopfschütteln? Bist du vielleicht sogar enttäuscht, weil du dich in einer der hinteren Reihen als einer von vielen Mit-Spielern erkannt hast, die nur unspektakuläre Teile des Stücks zugewiesen bekommen? Es kann nicht jeder ein Solist sein und nicht jeder hat den Auftrag, anspruchsvolle Passagen zu spielen.

Vielleicht siehst du dich an der großen Pauke stehen – und die Mitspieler wie auch die Zuhörer zucken erschrocken zusammen, wenn dein Einsatz kommt? Doch auch dieses Instrument ist wichtig: *gleich*-wichtig und *gleich*-wertig wie die leiseren Instrumente.

Du kannst sicher sein, dass du alles an Talenten und Möglichkeiten in dieses Dasein mitgebracht hast, um deinen Part im großen Menschheitsorchester spielen zu können. Und solltest du vom Leben/von der Liebe/von Gott als Erster Geiger oder Solist am einen oder anderen Instrument erwählt worden sein, so bring dich mit ganzer Begeisterung und gesundem Stolz in das Ganze ein. Jetzt, da du den göttlichen Dirigenten und göttlichen Komponisten kennst, dürfte dir das Üben und Spielen deines Anteils am Hohelied der Liebe wesentlich leichter fallen.

♪

Jetzt fehlt in meiner Erklärung nur noch die **Melodie**. Sie ist bei jedem weltlichen Komponisten untrennbar mit ihm verbunden, ja EINS mit ihm. Ein echter Musikkenner und -liebhaber kann schon nach wenigen Takten ein Musikstück seinem Schöpfer zuordnen. Denn es ist Teil des Komponisten und spiegelt seinen Charakter, sein Leben, seine Wahrheit wider. Seine ganze Liebe, alles, was er an eigenen Gefühlen und Gedanken, an Erlebtem und Erkanntem, an Zweifeln und Enttäuschungen nur durch die Schwingung der Musik auszudrücken vermag, erklingt zunächst in seinem Inneren, bevor er es zu Papier bringt. Es entsteht in seiner Seele und wird niedergeschrieben mit seinem Herzblut. Jede Melodie ist ein Stück vom Leben des Komponisten. Da sie aus so vielen einzelnen Komponenten besteht, schlüsselt er sie schließlich in viele unterschiedliche Einzelstimmen auf. Für jedes Instrument schreibt er eigene Noten, die Gesamtpartitur ist dem Dirigenten vorbehalten. Dieser ist der Einzige, der das Werk in seiner Ganzheit vorliegen hat, um daraus den Verlauf der Einzelstimmen und den Zusammenklang erfassen und umsetzen zu können. Deshalb ist es ausschlaggebend für den Erfolg einer Sinfonie, dass der Dirigent das Werk künstlerisch, gefühlsmäßig und wesentlich erfasst – und in der Lage ist, es im Sinne des Komponisten mit seinem Orchester umzusetzen.

Dazu erhalten die verschiedenen Musiker die Noten mit ihren Einzelstimmen. Jeder von ihnen hat nun den Auftrag, *seinen* Part zu üben. Teils ist die Melodie bei den Violinen zu erkennen, teils drücken Soloinstrumente eine bestimmte Gefühlslage aus, die den Charakter des Musikstücks erahnen lässt. Und für den Musiker an den Pauken besteht das Üben hauptsächlich darin, dass er seine Einsätze achtet, seine Paukenschläge auf die einzelnen Instrumente richtig verteilt und ihre jeweilige Tonlage moderiert. Du kannst dir gewiss vorstellen, wie die einzelnen Musiker darauf fiebern, zum ersten Mal das neue Werk als Orchester zusammen zu üben. Aus der Ahnung, was entstehen könnte, wird im Laufe der vielen Proben mit unzähligen Wiederholungen und dem Herausarbeiten von Feinheiten, auf die der Dirigent allergrößten Wert legt, schließlich ein hörbares Kunstwerk! Ein Hörgenuss! Das Werk, begonnen in der Seele eines begnadeten Komponisten, übergeben einem begeisterten Dirigenten, ausgegossen in die Herzen vieler begnadeter Musiker, wird zum Geschenk für die Welt!

„… und die Welt hebt an zu singen, triffst du nur das Zauberwort.“

Auch du, Seele, bist vom Dirigenten des Menschheitsorchesters, von Christus, auserwählt und hast dein Notenblatt mit deiner Einzelstimme erhalten. Du tust dir oft ebenso schwer wie ein Orchestermusiker, da auch du nur deinen Part kennst und im Durcheinander der anderen Mitübenden keine harmonische Melodie erkennen kannst – schon gar nicht das Hohelied der Liebe! Doch manchmal, im Zusammenüben mit anderen, die wie du den Weg der Liebe und des Vertrauens gehen, beginnst du die Sinfonie der Liebe zu erahnen. Sie schwingt in dir und macht dir Mut, gerade die Passagen besonders zu üben, in denen noch Disharmonie und Unsicherheit zu erkennen sind.

Ich habe die Erlaubnis, einen Blick in die Partitur des Dirigenten zu werfen und deine Einzelstimme zu betrachten:

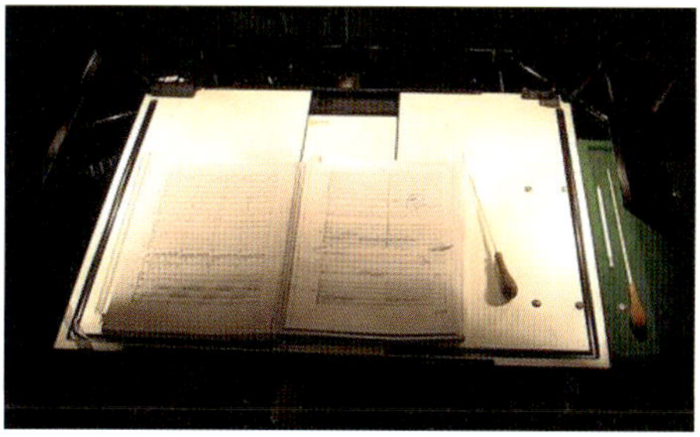

Sie besteht aus unzähligen einzelnen Liebesnoten: hohen und tiefen, mit unterschiedlichen Notenwerten. Und dennoch tragen sie alle denselben Namen:

HIER und JETZT

Jeder einzelne Augenblick, den du erlebst, ist ein nur für dich komponierter Ton, der sich meisterhaft einfügt in das Hohelied der Liebe. Nur du allein kannst ihn durch das Instrument deines Mensch-Seins in das Gesamtwerk einbringen.

Woran erkennst du, ob du diesen Ton so spielst, wie ihn der Komponist erdenkt und der Dirigent mit dir einübt? Am inneren Frieden, an einer inneren Glückseligkeit, die dich ganz erfüllt und dir eine Ahnung des Eins-Seins mit dem Schöpfer und der ganzen Schöpfung schenkt! Es sind dies göttliche Augenblicke, in denen du deine Welt zum Schwingen, zum Singen, zum Klingen bringst.

Sei nicht traurig, dass sie so selten sind. Denke daran: Du bist Übende/Übender, wie jede/r andere im großen Orchester der Menschheit.

Eine kleine Hilfestellung kann dir auch das folgende Lied bieten. Ich habe es schon vor Jahren in eure Zeit gebracht. Es ist im Buch „Choreografie des Göttlichen Tanzes, Schritt für Schritt in das Neue Bewusstsein“ veröffentlicht:[11]

[11] Seite 71 ff., Bezugshinweis siehe Seite 151.

2. Diese Fröhlichkeit, diese Fröhlichkeit, mit der ich lebe, mit der ich liebe, mit der ICH BIN.
3. Diese Dankbarkeit, diese Dankbarkeit, mit der ich lebe, mit der ich liebe, mit der ICH BIN.
4. Diese Zärtlichkeit, diese Zärtlichkeit, mit der ich lebe, mit der ich liebe, mit der ICH BIN.
5. Heil- und Ganz-Sein, Heil- und Ganz-Sein, in dem ich lebe, in dem ich liebe, in dem ICH BIN.
6. Dies Vertrauen, dies Vertrauen, mit dem ich lebe, mit dem ich liebe, mit dem ICH BIN.
7. Diese Göttlichkeit, diese Göttlichkeit, in der ich lebe, in der ich liebe, die ICH BIN.

Deine Lebensmelodie

(baut auf dem vorherigen Kapitel
auf und vertieft es)

Kennst du deine Lebensmelodie?

Im vorherigen Kapitel habe ich dich daran erinnert, dass du Mitglied des göttlichen Menschheitsorchesters bist, das seit Beginn der Menschheit unter dem Dirigentenstab Christi das Hohelied der Liebe, komponiert von Gott, einübt.

Deine Lebensmelodie ist ein wichtiger, einmaliger und unverzichtbarer Teil dieser Komposition. Sie hat eine allererste Note im allerersten Takt – und wird mit einer allerletzten Note im allerletzten Takt enden. Der erste Ton erklang beim Eintritt in dieses Dasein und wurde von deiner Seele gesungen. Er erklang wahrhaft göttlich und fügte sich einfach himmlisch in das Hohelied der Liebe ein.

Jedes Mal, wenn ein Mensch geboren wird, ist dieser erste Ton in den Herzen derer, die dabei sind, wahrnehmbar – falls sie es zulassen. Eine Ahnung des Hohelieds der Liebe schwingt im Raum, berührt alle, und bringt durch seinen Zauber die Welt zum Singen.

Es dauert nicht lange, bis der Verstand des Kindes – beeinflusst durch die Erwachsenen – versucht, seine eigene Melodie zu komponieren. Ist es da verwunderlich, dass einige dieser ‚Wunschtöne' nicht zur Lebensmelodie passen? Dass das Leben/die Liebe/Gott – und Christus als Dirigent – dazwischengehen und den Menschen an seine göttliche Melodie erinnern?

Wie viele solcher ‚Einsprüche' des Lebens hast du bisher nicht schon erlebt? Wenn du jetzt zurückblickst, wirst du in den meisten Fällen erkennen können, dass die dann vom Leben vorgelegten Takte viel besser in deine Lebensvorsehung passten als die von deinem begrenzten Verstand gewollten …

Es kam und kommt auch heute öfters vor, dass deine Melodie mit der Melodie anderer Menschen nicht harmoniert. Wie kann dies sein, wenn doch alle Mitglieder im selben Orchester sind und dasselbe Stück einstudieren?

Wenn du einmal bei einer Orchesterprobe zuhören durftest, wirst du mir Recht geben, dass es viele Möglichkeiten gibt, Misstöne beim Zusammenspielen zustande zu bringen. Manchmal ist ein Instrument nicht richtig gestimmt, ein anderes Mal legt ein Musiker die falschen Blätter auf seinen Notenständer. Was passiert, wenn die Geigen im Dreivierteltakt spielen und einer bläst gleichzeitig auf seiner Trompete im Viervierteltakt einen Marsch? Dann kann aus einem Walzer, mag er noch so vollendet komponiert und arrangiert sein, kein Hörgenuss werden. Der Dirigent wird unverzüglich mit seinem Taktstock auf das Pult klopfen, für Ruhe, Ordnung – und für das Auflegen der passenden Noten sorgen.

Mancher Musiker kann das Tempo nicht halten, ist entweder zu langsam oder treibt die anderen an. Und ein anderer braucht einfach noch mehr Zeit und Ausdauer, um seinen Part fehlerfrei spielen zu können. Der Dirigent, der über ein ausgesprochen feines Musikgehör verfügt, wird sehr nachdrücklich die Betreffenden darauf ansprechen.

Verstehst du nun, weshalb es dir manchmal – trotz deines guten Willens – nicht möglich ist, mit Menschen harmonisch auszukommen, zusammenzuleben oder zusammenzuarbeiten? Das Leben/die Liebe/Gott wird zur rechten Zeit die Übenden dazu bringen, sich mit der Disharmonie auseinanderzusetzen. Du darfst das Wort ‚auseinander setzen' ruhig wörtlich nehmen …

Uneinsichtige Mitspieler werden vom Leben besonders fürsorglich unter die Fittiche genommen und zu Einzelübungen aufgefordert. Nicht zur Strafe, sondern aus bedingungsloser Liebe und der Gewissheit heraus, dass das Hohelied der Liebe ganz im Sinne des Komponisten erklingen wird. Hierbei werden besonders geeignete Mitspieler als Nachhilfelehrer zur Seite gestellt.

♪

Wie klingt dein Lebenslied im Augenblick? Spielst du in schnellem oder langsamem Tempo? In Dur oder Moll? Auch Pausen enthält es, manchmal längere, manchmal kürzere. Haderst du mit ihnen? Erklingt deine Melodie gerade laut oder leise? Hast du das Gefühl, ständig nur Wiederholungen zu spielen?

Damit du dir die Lebensmelodie besser vorstellen kannst, zeige ich dir eine besondere ‚Notenschrift'. Es gibt ein Saiteninstrument, bei dem diese ungewöhnlichen Noten zum Spielen von Musikstücken unverzichtbar sind. Die Notenblätter werden direkt unter die Saiten gelegt und so eins mit dem Instrument. Der Musiker macht die Melodie durch das Zupfen der entsprechenden Saiten hörbar. Es gibt für mich keine bessere Möglichkeit, um dir die Lebensmelodie anschaulich zu machen. Beim ersten Blick mag es dich an eine Fieberkurve erinnern – oder einen Börsenkurs. Die unteren Noten, die mit den oberen durch gestrichelte Linien verbunden sind, haben dabei eine begleitende, tragende Funktion. Sie sind Hinweis darauf, dass du in jedem Augenblick deines Lebens getragen bist von der liebevollen Fürsorge Gottes.

Als Beispielmelodie habe ich das Lied aus dem vorigen Kapitel, Seite 81, ausgewählt. Zur besseren Veranschaulichung ist, im Gegensatz zum senkrechten Einlegen in die Tischharfe, das Notenblatt nachstehend waagrecht liegend abgebildet.

Diese Göttlichkeit,
in der ich lebe,
in der ich liebe,
die ICH BIN.

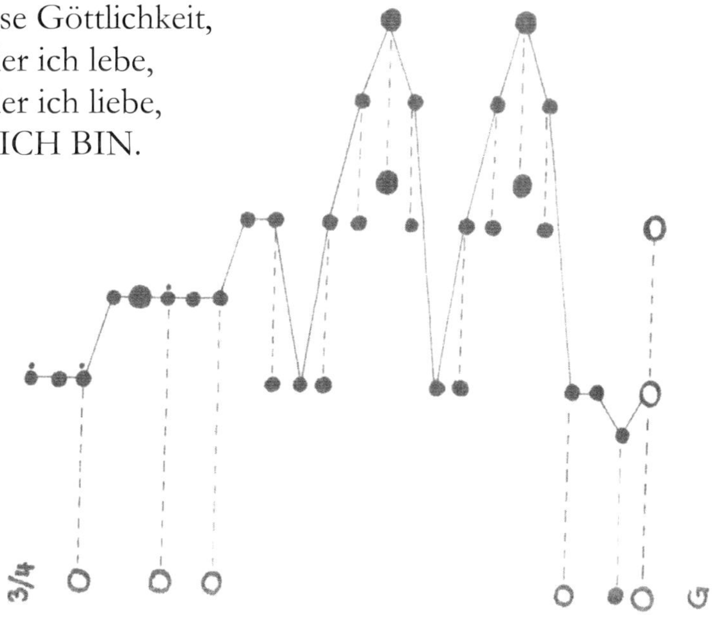

Du siehst anhand dieses Notenbildes, dass es in jedem Leben Höhen und Tiefen gibt, schnelle Wechsel ebenso wie Stellen, an denen länger verweilt wird, Wiederholungen der Melodie – und einen Schlussakkord. Er symbolisiert deinen letzten Atemzug, dein letztes Ausatmen, dein Zurückgeben des Liebeslehens an Gott: Ein wohlklingender Dreiklang, bei dem Mensch-Sein, Seele und Gott ganz vereint sind.

Ebenso wie beim Ankommen in dieses Dasein ist auch der Schlussakkord bei jedem Menschen ein vollkommener Ton des Hohelieds der Liebe – auch wenn es bei den Zurückbleibenden in ihrem Schmerz oft nicht so gesehen werden kann. Das Lebenslied ist zu Ende geübt und in das große Konzert des Menschheitsorchesters eingegangen.

Und dann? Dein Lebenslied ist nur ein kleiner Teil deines Seelenliedes. Dieses hat, im Gegensatz zum begrenzten Lebenslied, keinen Anfang und kein Ende, denn es ist hineingelegt in das Gesamtwerk des wunderbaren Komponisten, den du Gott nennst.

Jesu Aussage „Der Weg ist das Ziel“[12] trifft also auch auf die Sinfonie der Liebe, auf das Hohelied der Liebe, zu. Auch wenn es sich in Raum und Zeit der Weltgeschichte oft nach Missklang anhört, auch wenn viele Menschen nicht an ein Gelingen der Liebesschwingung auf Erden

[12] Vgl. ‚Die Geschichte Jakobus des Jüngeren‘, Band 1, Seite 29 ff.

glauben können: Der göttliche Komponist im Eins-Sein mit dem göttlichen Dirigenten und seinem Orchester hätte dieses großartige Werk gar nicht komponiert und in die Materie gebracht, hätte ER nicht die Gewissheit, dass es gelingt!

Trage also deinen Teil dazu bei: Übe dein Lebenslied, wiederhole die Passagen, die dir besonders schwerfallen solange, bis du sie beherrschst. Wenn du in Situationen, die dir bisher den inneren Frieden geraubt und dich zum Richter über andere oder über dich selbst gemacht haben, das erste Mal eine große Dankbarkeit und Glückseligkeit empfindest, dann empfängst du gerade ein großes Lob des Dirigenten! Eine schwierige Passage deines Lebensliedes ist dir gelungen!

Hab Verständnis auch für andere, die ihr Lebenslied üben, wenn sie in deinen Augen zu langsam sind – oder voller Ungeduld das Tempo antreiben. Hab Verständnis für die lauten und die leisen Mitspieler, für die selbsternannten Konzertmeister ebenso wie für Anfänger. Erschrick nicht, wenn der Paukist für dich unvorbereitet seine Schläge setzt und viele Menschen entsetzt zusammenzucken. Auch dieses Instrument gehört zum Orchester. Sei nicht traurig, wenn einer der Mitspieler, der lange neben dir übte, seinen Platz im Konzertsaal für immer verlässt, weil er seinen Schlussakkord gespielt hat. Versuche stattdessen, in den letzten Tönen seines Lebensliedes die Schwingung des göttlichen Hohelieds der Liebe herauszuhören.

Von Jesus sind auch die Worte überliefert „Wer hören kann, soll gut zuhören!“.[13] Bei der Ankunft einer Seele im Dasein und beim Verlassen der Materie trifft dies auf ganz besondere Weise auf die Liebesmelodie Gottes zu.

Vielleicht kannst du dieses Kapitel jetzt mit dem Anhören der Sinfonie eines begnadeten und dazu berufenen menschlichen Komponisten beschließen? Möglicherweise hörst du ja unter all den vielen Instrumenten dein im vorherigen Kapitel in einem inneren Bild erkanntes Seeleninstrument heraus? Auf jeden Fall wirst du erstaunt und berührt sein, zu welch himmlischem *Einklang* der Dirigent die vielen verschiedenen Musiker mit ihren unterschiedlichen Instrumenten führt.

[13] Mt 13.9.

Das größte Geschenk: Der göttliche Augenblick

Es gibt einen Tag im Jahr, den du ganz besonders feierst: deinen Geburtstag. Dabei kannst du diesen Tag gar nicht feiern, denn er liegt jahrelang zurück. Was du feierst, ist dein ‚Geburts-Erinnerungstag'. Du lädst dazu gerne deine Familie und Freunde ein, bewirtest sie mit Köstlichkeiten und lässt dich hochleben.

Wäre es nicht sinnvoller, dich in die Stille zurückzuziehen und dich an den ersten Ton im ersten Takt deines Lebensliedes zu erinnern? An diesen göttlichen Ton, den deine Seele aus Dankbarkeit jubelnd im Eins-Sein mit dem Leben/der Liebe/Gott anstimmte? Und der die Welt veränderte?

Natürlich ist beides möglich: Das Feiern und das stille Erinnern. Vielleicht kannst du es bei deinem nächsten Geburts-Erinnerungstag praktizieren?

Doch weshalb bis zu diesem Tag warten? Feierst du doch in jedem einzelnen Augenblick deines Daseins den ‚Geburts-Erinnerungs-Augenblick'! In jedem einzelnen Augenblick kannst du dich an den allerersten Ton deines Lebensliedes erinnern, mehr noch: Du kannst die Melodie ganz bewusst fortsetzen! Denn jeder bewusst gelebte Augenblick ist ein bewusst musizierter Ton deines Lebenslieds und Teil des göttlichen Hohelieds der Liebe!

Stell es dir so vor, als würde in diesem Moment ein hoch konzentrierter Orchestermusiker ganz bewusst Augenkontakt mit dem Dirigenten haben, der wiederum nur diesen einen Musiker im Blick hat und ihm seinen Einsatz gibt. Kann da etwas misslingen?

So lass uns jetzt gemeinsam diesen Augenblick zelebrieren: Ich bin als dein eingeladener Gast – hier und jetzt – da, um dir ein ganz besonderes Geschenk zu diesem Geburts-Erinnerungs-Augenblick zu überbringen:

Wie groß wäre deine Freude, würde beim Auspacken ein einziges Sandkorn zum Vorschein kommen? Ein Sandkorn, wie es unzählige Exemplare weltweit gibt? Wahrscheinlich wärest du maßlos enttäuscht und würdest dich auf den Arm genommen fühlen (wobei es ja ein ganz besonderes Erlebnis wäre, auf den Armen eines ‚Engels' getragen zu werden).

Wie groß wäre deine Freude, würdest du im Geschenkpaket eine Muschel finden? Nun, ein wenig größer als beim Sandkorn schon, denn du hättest zumindest die Gewissheit, dass ich mich an einem Meeresstrand für dich gebückt hätte.

Wie groß wäre deine Freude, würde beim Öffnen der Muschel eine Perle zu Tage treten? Ich sehe dich lächeln, denn so ein Geschenk wäre schon etwas Besonderes.

Wie groß wäre deine Freude, würde der Inhalt des Päckchens aus einer Perlenkette bestehen? Würde sich nicht jede Frau das Schmuckstück sofort um den Hals legen, sich zum nächsten Spiegel begeben und sich bewundernd darin betrachten? Und die Herren der Schöpfung? Sie wüssten gewiss, wem sie das Geschenk bei nächster Gelegenheit verehren könnten …

Wie groß wäre deine Freude, wenn die geschenkte Perlenkette in ihrer Mitte einen wunderschönen Diamanten besäße? Einen einmaligen Edelstein, wie es ihn kein zweites Mal auf der ganzen Erde gibt?

Du erkennst an deinen Emotionen, dass ein Geschenk, das austauschbar ist wie ein Sandkorn oder eine Muschel, einen verschwindend kleinen Wert besitzt gegenüber einem Präsent, das es nur einmal auf der ganzen Welt gibt.

Mein Geschenk zu deinem ‚Geburts-Erinnerungs-Augenblick' ist noch viel wertvoller, denn dieses Präsent ist so einmalig, dass es im ganzen materiellen Universum, ja im gesamten Sein, nur ein einziges Mal vorkommt:

Der göttliche Augenblick
HIER und JETZT

In Wahrheit kann ich ihn dir gar nicht schenken, denn er ist bereits vom Leben/von der Liebe/von Gott für dich vorgesehen. Mein Auftrag ist es, ihn mit dir zu teilen und ihn dir so bewusst zu machen.

Lass uns das Präsent gemeinsam auspacken, mit allen Sinnen, einem nach dem anderen. Begib dich dazu (nicht nur in Gedanken, sondern wenn möglich körperlich) nach draußen, an einen besonders schönen Platz in der freien Natur. Ich begleite dich …

Oh ja, hier ist wirklich der passende Ort, um das Geschenk mit allen Sinnen wahr- und anzunehmen!

Schließe nun deine Augen, um den einmaligen, göttlichen Augenblick mit deinem Hörsinn auszupacken und nimm dir dazu einige Minuten Zeit …

Bist du überrascht, wie viele unterschiedliche Aspekte das Geschenk hat? Vogelgezwitscher …, das Rauschen der Bäume und Rascheln der Blätter …, das Summen der Insekten …, das Säuseln des Windes …, das Plätschern des Baches …, das entfernte Rattern eines Motors …, die Gesprächsfetzen von Spaziergängern …, – und in all diesen vielen Tönen erklingt die Sinfonie des Hohelieds der Liebe!

Doch das Geschenk beinhaltet noch viel mehr! Packe es als nächstes mit deinem Geruchssinn aus und nimm dir auch dazu, mit geschlossenen Augen, ein paar Minuten Zeit. Atme ganz tief ein und unterscheide die einzelnen Gerüche: Den unvergleichlich saftigen Geruch des Grases …, den Duft der Blumen und Blüten …, den Geruch deiner Hand …, die Düfte, die der Wind mit sich trägt … – und zelebriere in all diesen unterschiedlichen Gerüchen die Sinfonie des Hohelieds der Liebe!

Öffne nun deine Augen und entdecke die Fülle des Geschenks mit dem Seh-Sinn: Das Farbspiel des Himmels über dir: weiß, blau, grau, orange …, das satte Grün des Grases …, die Farb- und Formenvielfalt der Bäume, Blumen und Blüten …, die unterschiedlichsten Arten der Insekten und anderen Tiere, die dich umschwirren und um dich herumkrabbeln …, die weit entfernten Bereiche, über die deine Augen schweifen …, das Flugzeug hoch oben …, die Häuser in der Nähe …, deinen eigenen Körper, der dir die Wahrnehmung erst ermöglicht …

Blicke rings um dich herum, um nichts auszulassen! Nimm jede einzelne Kleinigkeit in dich auf, um ja nichts von diesem göttlichen Augenblick zu übersehen – und keinen einzigen Ton der Sinfonie des Hohelieds der Liebe zu verpassen!

Nun kommt dein Geschmackssinn zum Einsatz: Strecke deine Zunge heraus und schmecke den Wind …, pflücke einige essbare Blüten und Kräuter, die um dich herum wachsen (bedanke dich zuvor bei ihnen, dass sie bereit sind, dir diese Erfahrung zu ermöglichen) und nimm dir Zeit, sie zu verkosten … Erfasse mit all diesen unterschiedlichen Geschmackswahrnehmungen das unvorstellbar klangreiche Hohelied der Liebe.

Ein Sinn fehlt noch: Du darfst ein paar Takte der göttlichen Liebessinfonie ertasten. Beginne mit deinem Körper, diesem göttlichen Instrument deiner Seele. Streiche mit geschlossenen Augen sanft über dein Gesicht und über die Arme …, gleite dann zu Mutter Erde und streichle über ihr grünes Kleid …, berühre zart einige ausgewählte Gräser und Pflanzen, ohne sie zu knicken …, halte deine Hände dem Wind entgegen und fühle sein sanftes Streicheln …

Ja: So fühlt sich die göttliche Sinfonie der Liebe an!

Alles, was du in den zurückliegenden Minuten mit all deinen Sinnen wahrgenommen hast, ist einmalig! Nie in deinem ganzen Dasein wirst du dieselbe Luft ein zweites Mal einatmen, nie den Duft der Pflanzen auf dieselbe Art wahrnehmen können wie eben. Nie in deinem ganzen Dasein wirst du dasselbe schmecken, sehen, hören und fühlen wie eben. Nie in deinem ganzen Dasein kannst du dasselbe erleben und erfühlen wie in diesem göttlichen Augenblick! Erkennst du nun die Einmaligkeit des Geschenkes, das dir hier und jetzt, immer HIER und JETZT, angeboten wird?

Es ist nicht mehr und nicht weniger als das, was du beim allerersten Einatmen in die Welt gebracht hast – und beim allerletzten Ausatmen in der Welt zurücklässt:

**Deinen wahrhaft göttlichen Anteil
an der Sinfonie des Lebens,
am Hohelied der Liebe.**

Fällt es dir schwer, diesen Ort jetzt zu verlassen und in die ‚Normalität' mit all ihren weltlichen Anforderungen zurückzukehren? Lass kein Bedauern zu, es würde nur den Wohlklang deiner Lebensmelodie beeinträchtigen. Die zurückliegende Erfahrung lässt dich verändert in deinen Alltag zurückkehren: bewusster, dankbarer, göttlicher. Hadere nicht mit dir, wenn die laute Welt dich schon bald wieder aus diesem Zustand herausreißt. Wer oder was hindert dich daran, das wahrhaft göttliche Geschenk des einmaligen Augenblicks wieder – und immer öfter – bewusst in Empfang zu nehmen, zu zelebrieren und deine Lebensmelodie zum perfekten Erklingen zu bringen? Der Dirigent hat dich immer fürsorglich im Blick, um dir bei schwierigeren Passagen hilfreich zur Seite zu stehen …

Gestern, heute und morgen? Oder ‚Hier und Jetzt‘?

Wo sind deine Gedanken in diesem Augenblick? In der Vergangenheit? In der Zukunft? Überlegst du jetzt gerade, was du noch unbedingt tun müsstest? Grübelst du oft darüber nach, was dir gestern scheinbar misslang? Drängt sich dir immer wieder ein Schuld-, Angst- oder Wunschgedanke auf? Dann gehörst du zu den Menschen, denen es schwerfällt, im Augenblick der Gegenwart zu *sein.*

Damit bist du nicht alleine. Die Mehrzahl der Menschen lebt nicht in der Realität, sondern in Illusionen – ohne es selbst so zu sehen. Realität ist doch nur das, worauf du JETZT re-agieren kannst. Hast du etwa realen Einfluss auf Vergangenes? Kannst du re-agieren auf vermutetes Zukünftiges? Kannst du mit deinen Händen irgendetwas Vergangenes reparieren oder in die Zukunft vorgreifen und dort etwas bauen, was erst in Monaten greifbar sein wird? Kannst du ‚Schlimmes‘ verhindern, das geschehen könnte? Wenn dies alles unmöglich ist, weshalb investierst du dann so viel Energie in Illusionen und lässt dich gefangen halten von Schuld, Angst und Mangeldenken?

Der Weg ist das Ziel! Jeder bewusste Schritt, den du tust, ist ein Ankommen: bei dir selbst und in der göttlichen Gegenwart! Alles, was dir den inneren Frieden und das Vertrauen in die Vorsehung raubt, hat seinen Ursprung darin, dass du den göttlichen Augenblick ‚HIER und JETZT‘ herschenkst – zugunsten einer Illusion.

Was macht es dir so schwer, dieses HIER und JETZT zu praktizieren? Dein begrenzter menschlicher Verstand ist es, der mit guten Argumenten und nicht zu leugnenden Beweisen die Wahrheit einer Vergangenheit, einer Gegenwart und einer Zukunft vertritt, bestätigt doch die Materie dies als Tatsache: Ist nicht jeder Baum ein Beweis für die Vergänglichkeit? Der Verstand erinnert sich daran, wie klein der Apfelbaum im Garten noch vor Jahren dastand. Jetzt ist er zu einem stattlichen Obstbaum herangewachsen – und in einigen Jahrzehnten wird er alt sein und gefällt werden. Vergangenheit – kurze Gegenwart – Zukunft.

Jeder Mensch ist scheinbar Sklave der Zeit: Kindheit als Vergangenheit, der heutige Tag als kurze Gegenwart, eine ungewisse Zukunft, in der Krankheit, Unfall, Unglück, Gebrechlichkeit möglich sind – und der Tod gewiss ist.

Wie vermag es da zu gelingen, Zugang zum Wunder des göttlichen Augenblicks, zur Fülle im HIER und JETZT zu bekommen?

Gewiss nicht dadurch, dass du die Tatsache der Veränderung und Vergänglichkeit in allem Materiellen leugnest. Die Lösung liegt darin, sowohl verstandesmäßig wie gefühlsmäßig zu erfassen, dass es kein *entweder – oder*, sondern ein *sowohl als auch* gibt. Die Zeit ist hineingelegt in die Ewigkeit, der Raum hineingelegt in die Unendlichkeit. Während du auf der materiellen Ebene wie auf einer Schiene die Zeit abschreitest, erfüllt sich auf der geistigen Ebene der ewige, einzigartige göttliche Augenblick, das ewige Sein.

Ich kann es dir am besten mit einem bildhaften Vergleich nahebringen:

Stell dir einen zwei Meter hohen Glaszylinder vor, der einen Durchmesser von einem Meter besitzt und vollständig mit Wasser gefüllt ist. Sein Boden ist mit Sand bedeckt, darüber ist er dekoriert mit Wurzelstöcken und Steinen.

Wasserpflanzen wachsen bis zur Oberfläche, farbenprächtige Fische tummeln sich darin. Der Mensch, der ihn erdacht, erstellt und befüllt hat, erfreut sich in diesem Augenblick an allem, was er sieht und was hier und jetzt darin geschieht:

Er beobachtet, wie sich vom Boden des Gefäßes eine Luftblase löst und langsam nach oben steigt. Der Betrachter nimmt den Glaszylinder samt Inhalt in seiner Ganzheit wahr, während die Luftblase eine völlig andere Wahrnehmung hat. Ich gebe ihr jetzt ein menschliches Bewusstsein und teile mit dir, was sie denkt, fühlt und erlebt:

„Wo bin ich? Woher komme ich? Wohin gehe ich? Wer bin ich? Kann ich selbst die Richtung bestimmen, in die ich gehe? Habe ich Einfluss auf die Geschwindigkeit, mit der ich vorwärtskomme? Kann ich da, wo es mir gefällt, beliebig lange bleiben? – Wenn ich zurückblicke, sehe ich meine Vergangenheit. Wenn ich vorwärtsblicke, sehe ich meine Zukunft. Und da, wo ich jetzt gerade bin, ist wohl eine kurze Gegenwart. – Pah! Schau dir nur die kleine, armselige Luftblase an, die da vor mir auftaucht! Sie ist ja noch weniger wert als ich! Aus dem Weg! – Warum wirbelt es mich jetzt so herum? Werde ich bestraft, weil ich vorhin etwas falsch gemacht habe? Vielleicht für den Rempler gegen die kleine Luftblase? – Ich will meinen Weg selbst bestimmen! – Wo kommt jetzt plötzlich die große Luftblase her, die mich so schnell überholt? Ich will auch so groß sein und so rasch aufsteigen! – Wozu bin ich überhaupt da? Wem nütze ich? – Wenn ich es mir genau betrachte, kann ich weder die Richtung ändern noch die Umstände. Ich bin ausgeliefert! Doch wem? – Oh, was passiert jetzt? Ich hänge an der Unterseite einer Wasserpflanze fest! So sehr ich mich auch anstrenge, es geht nicht weiter. So viele andere überholen mich. Wer kann mir helfen, wer kann mich befreien? Hilfe! – Endlich packt mich ein Wasserwirbel und erlöst mich. Welch ein glücklicher Zufall! Es geht weiter. – Aber was geschieht, wenn ich ganz oben angekommen bin? Ist das dann mein Ende? Wenigstens bin ich damit nicht allein, denn scheinbar ergeht es allen Luftblasen so: Ein kurzes Leben mit vielen Hindernissen, Wünschen und Ängsten – und dann: Aus und vorbei! Worin liegt der Sinn dieses Daseins?“

Gleichzeitig beobachtet der Erbauer des Glaszylinders voller Freude, wie die Luftblase, die er während ihres gesamten Aufsteigens mit seiner liebevollen Aufmerksamkeit begleitet hat, die Wasseroberfläche erreicht, sich mit einem fast unhörbaren „Blubb“ mit dem Element verbindet, dem sie zu jedem Zeitpunkt angehört – und zu dem sie nun zurückkehrt.

Kommen dir die vielen Fragen und Ängste der Luftblase bekannt vor? Fühlst du dich oft ebenso ausgeliefert und hilflos? Dann nimm doch jetzt einmal, während du meine Beschreibung des Aufsteigens im Glaszylinder ein zweites Mal liest, die beobachtende Sichtweise des Erbauers ein.

Nun hast du das Ganze im Blick, hast all die abbremsenden Hindernisse durch dein vorheriges schöpferisches Gestalten und Bepflanzen des Behälters vorgegeben. Du weißt um die Zugehörigkeit der vielen aufsteigenden Bläschen zum Element Luft, siehst den ganzen Weg, den sie zurücklegen – und das Ziel. Du bringst zur rechten Zeit durch das Einschalten einer Pumpe das Wasser in Bewegung, damit festhängende Luftblasen ihren Aufstieg fortsetzen können. In jeder einzelnen erkennst du die Einmaligkeit und kommst nicht auf den Gedanken, sie zu vergleichen und zu bewerten. Du besitzt die Gewissheit, dass sie alle ihr Ziel erreichen: Das Eins-Sein mit dem, was sie sind. Ja, mehr noch: Du erkennst, dass der Weg, den sie zurücklegen, bereits das Ziel beinhaltet …

Wenn du nun die unterschiedlichen Gefühle vergleichst, die du beim zweimaligen Lesen hattest, gibst du mir gewiss Recht, wenn ich feststelle: Es kommt auf den Standpunkt an, denn dieser bestimmt die Sichtweise, aus der durch die Wahrnehmung die jeweilige Wahrheit entsteht.

Dem Mensch-Sein stehen beide Möglichkeiten offen: die begrenzte Sichtweise des Verstandes – und die grenzenlose Sichtweise der Seele im Eins-Sein mit Gott. Doch ganz so einfach ist es nicht! Es hängt mit dem Bewusstsein eines Menschen zusammen und dieses mit der Reife seiner Seele. Solange er sich als vergängliches, verletzliches, von der Göttlichkeit getrenntes Wesen sieht, kann er – bildhaft erklärt – nur die Sichtweise der Luftblase haben.

Wie weit ist es dir bereits möglich, dein Dasein nicht nur als Erlebender – oft auch Erleidender –, sondern als Beobachter zu sehen? Dich nicht von der Illusion der Vergangenheit mit ihrer Schuld und der Illusion der Zukunft mit ihrer Angst und ihren Wünschen fesseln und blenden zu lassen? Wie weit ist es dir möglich, den Augenblick jetzt … und jetzt … und jetzt zu erleben und zu spüren, dass dein Dasein in ein grenzenloses Ganzes eingebunden ist? Und schließlich in allen Umständen, die du erlebst, die Vorsehung Gottes zu erkennen – und zuzulassen?

Es ist dir möglich! Du hättest dieses Buch nicht in den Händen, könntest du nicht meine erinnernden Worte verstehen! Du weißt um das EINS-SEIN mit dem Schöpfer, mit Dem, aus Dem alles Sichtbare und Unsichtbare hervorgeht. Lebe es! Bezeuge es! SEI ES! HIER und JETZT!

Noch einmal bitte ich dich, hineinzufühlen in die kleine Luftblase: Versetze dich in ihre Angst bei den letzten Zentimetern, die sie in der Wassersäule zurücklegt … Und dann: Fühle diesen ungeheuren Augenblick, in dem sie die Wasseroberfläche durchbricht – jetzt … und im gleichen Moment EINS ist mit dem Unendlichen, Unfassbaren –

Vergessen sind alle Fragen, alle Ängste, alle Zweifel.

Ich bin

Es ist

Ewiges Sein

Die Heilige Dreifaltigkeit

Mein ganz besonderer Auftrag ist es, dir durch meine erinnernden Botschaften das tiefinnere Erkennen des Eins-Seins mit dem Leben/der Liebe/Gott – kurz: mit allem, was ist – zu ermöglichen.

Unter allen geometrischen Formen gibt es eine einzige, bei der jede Seite in vollkommener Symmetrie mit allen anderen verbunden ist: das gleichseitige Dreieck. Das Wort ‚Symmetrie' kommt aus dem Griechischen und bedeutet ‚spiegelbildliche Übereinstimmung'. Welch wunderbare Hinleitung zum Verständnis der Heiligen Dreifaltigkeit!

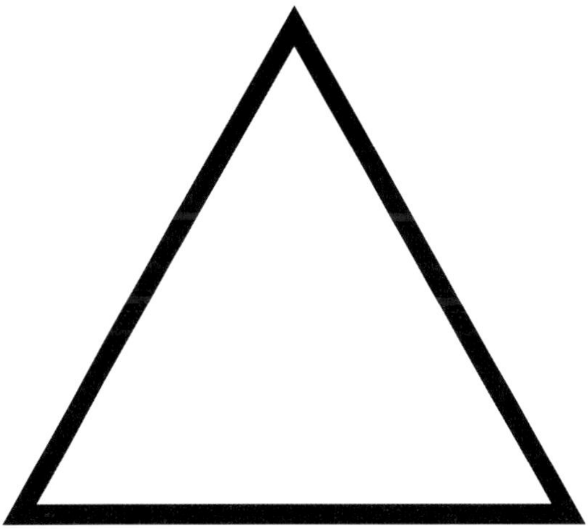

Betrachte dir nun das nachstehende Dreieck mit meinen ergänzenden Bezeichnungen und mache dir deine eigenen Gedanken dazu:

ICH BIN

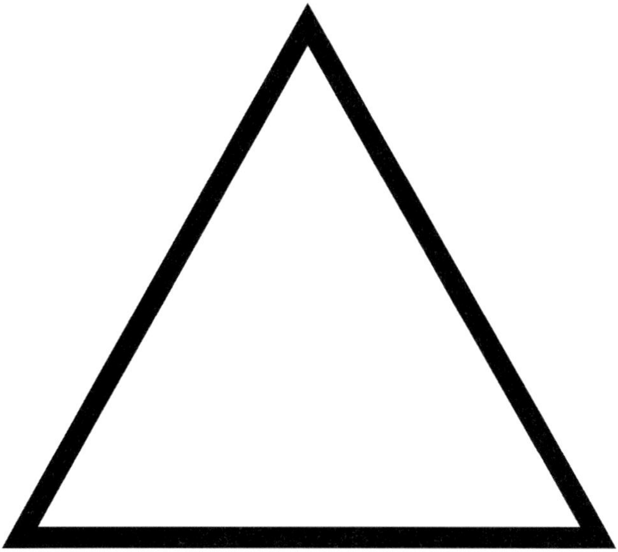

ICH BIN DA **ES IST**

Welche Stelle ordnest du Gott zu?

Wo stehen die Umstände, die auf dein Leben Einfluss nehmen?

Wo findest du dich?

Passt vielleicht für dein Verhältnis zu Gott, zu den Umständen und zu anderen Menschen ein anderes geometrisches Zeichen besser? Vielleicht dieses?

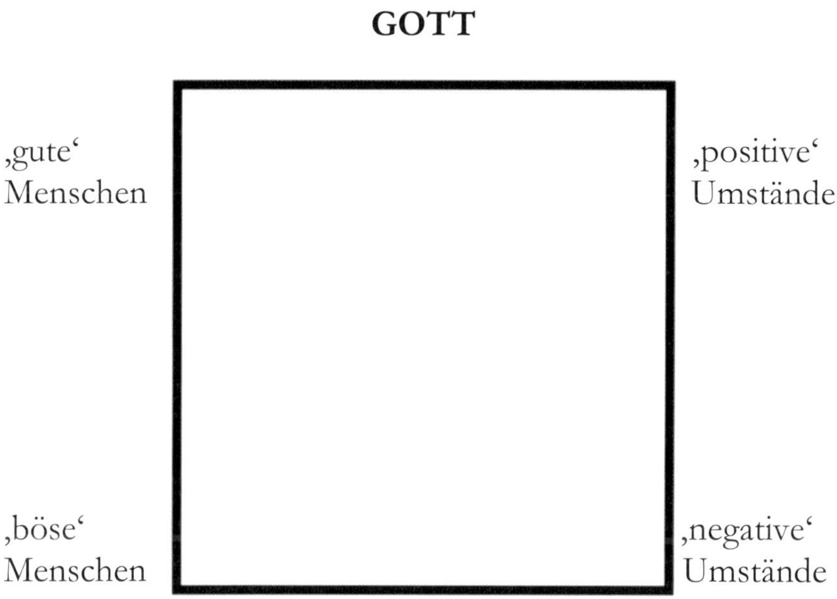

Mit dieser Sicht stündest du nicht allein da. Für viele gläubige Menschen ist es selbstverständlich, Gott ganz nach oben zu stellen, über allen und allem stehend. In dem, was weltweit geschieht und in ihren Augen ‚positiv' ist, erkennen sie ebenfalls die Macht Gottes, während sie das, was sie als ‚negativ' bezeichnen, ‚bösen' Menschen und Mächten zuordnen.

Doch schau dir die Zeichnung einmal genau an: Gott stünde hier nur den ‚guten' Menschen und ‚positiven Umständen' nahe. Die ‚bösen' Menschen und alle ‚negativen Umstände' wären dagegen weit von Gott entfernt.

Gerne würde ich denen, die diese Wahrheit vertreten, folgende Frage stellen: „Glaubst du an einen Gott, der allgegenwärtig ist? Wenn ja: Ist Er dann nicht auch bei all den ‚bösen' Menschen und ‚negativen' Umständen?"

Wahrscheinlich bekäme ich zur Antwort: „Gott ist reine Liebe. Er ist allmächtig und allgegenwärtig. Doch aus Liebe hat Er den Menschen den freien Willen gegeben. So entscheidet jeder Einzelne, ob er gut oder böse ist – und trägt die Konsequenz, dass Gott ihn liebt oder bestraft. Die schlimmste Strafe, die Gott über einen Menschen verhängen kann, ist die ewige Verdammnis."

Welche Antwort gäben sie mir wohl, wenn ich eine weitere Frage wagte? „Und wo im allgegenwärtigen Gott ist der Ort der ewigen Verdammnis?" Auf diese Paradoxie gibt es keine Antwort! Denn wenn alles *in* Gott ist, so gilt dies auch für die vermeintliche Hölle, die somit wieder göttlich wäre. Oder sollte es etwas außerhalb von Gott geben? Das würde allerdings nicht nur Seine Allgegenwart, sondern auch Seine Allmacht in Frage stellen. Wo liegt die Lösung?

Jesus hat vor fast 2000 Jahren durch sein Leben und seine Botschaften die Tür zum bedingungslos liebenden Vatergott geöffnet. Nicht nur den Menschen der damaligen Zeit, die an den rächenden Gott ihrer Väter glaubten und ihn fürchteten, sondern allen Menschen, auch dir! Wie oft verwendete er die Worte: „Der Vater und ich sind untrennbar EINS."[14] Seine Gewissheit ging noch tiefer: *‚Der*

---

[14] Joh 10,30.

Vater und ich BIN EINS.' Er hatte die Heilige Dreifaltigkeit erkannt, das völlige Eins-Sein Gottes mit Seiner Schöpfung und jedem Menschen: das völlige Eins-Sein des ICH BIN/ES IST/ICH BIN DA.

Schau dir das zweite Dreieck noch einmal an: Jede Seite ist untrennbar mit den beiden anderen verbunden. Alle drei Aspekte sind göttlich! Im Gegensatz zum Quadrat besteht keine Aufteilung in gute Menschen oder böse Menschen, in positive Umstände oder negative Umstände, in Gottnahes und Gottfernes. Und somit nichts Angstmachendes, nichts Bedrohliches, das den ‚guten' Menschen und ‚positiven' Umständen Schaden zufügen könnte.

Jeder an Gott Glaubende wird bestätigen, dass der Ursprung allen Seins Gott ist. Aus sich selbst heraus erschafft Er alles, was ist: nicht nur zu Beginn der sichtbaren Welt, sondern jetzt … und jetzt … und jetzt, in jedem Augenblick aufs Neue. Könnte Er, der das Leben und die Liebe selbst ist, aus sich selbst heraus je etwas anderes erschaffen als Göttlichkeit?

Doch woher kommt dann das ‚Böse' auf der Welt? All die Verbrechen, Morde, Betrügereien, Unterdrückung? Schau dir noch einmal das Viereck an und lass dir meine folgende Frage gefallen: „Was verstehst *du* denn unter positiven Umständen und guten Menschen – und was unter negativen Umständen und bösen Menschen?" Du kannst mir darauf nur eine subjektive Antwort geben, die deinem begrenzten menschlichen Verstand entspringt. Kurz auf den Punkt gebracht: Alles, was dir guttut, nützt und nach deiner kulturellen Prägung als gut angesehen wird, ordnest du der Kategorie ‚positiv' zu. Alles, was dir dagegen schadet, dich behindert, bedroht und in deiner Kultur als böse eingestuft wird, gehört zum ‚Negativen'.

Machst du es dir damit nicht ein wenig zu einfach? Hast du dir schon einmal überlegt, dass das, was für dich gut ist, einem anderen negativ erscheinen könnte – und umgekehrt? Wo ordnest *du* dich denn auf der quadratischen Zeichnung selbst ein? Auf der Seite der Guten? Haben auf dich als einen Menschen, der sich als Gott nahe sieht, nur die als positiv bezeichneten Umstände Einfluss? Oder gelingt es nicht doch immer wieder den negativen Umständen und bösen Menschen, dich in die Gottferne zu ziehen?

Jesus zeigte uns eine Lösung: Er entschied sich, den Weg des bedingungslosen Vertrauens in das Leben, in die Liebe, in Gott zu gehen. Es forderte seine vollkommene Hingabe an das Leben, an die Liebe, an Gott. Nur so war es ihm möglich, die Allmacht Gottes anzuerkennen und in allem, was ist, die Schöpferkraft Gottes zu sehen. Nur so konnte er sich selbst in die Heilige Dreifaltigkeit ‚ICH BIN/ES IST/ICH BIN DA' einordnen und den Weg der bedingungslosen Liebe gehen.

Er gestand sich bis zuletzt ein, dass sein begrenzter menschlicher Verstand weder die eigene Göttlichkeit noch die ihr innewohnende Schöpferkraft in ihrer ganzen Größe je erfassen kann. Sein bedingungsloses Vertrauen ermöglichte es ihm dennoch mehr und mehr, weder die Umstände noch die Menschen zu bewerten und zu verurteilen. Er richtete seinen vertrauenden Blick – ausgehend von seinem menschlichen Dasein – gleichermaßen auf Gott an der Spitze des Dreiecks wie auch auf die andere Seite, auf die äußeren Umstände und die daran beteiligten Menschen. So hielt er auch in großen Nöten und tiefen Zweifeln an seiner Gewissheit der Göttlichkeit in allem, was ist, fest.

Ich zeige dir auf der nächsten Seite nun noch einmal die Heilige Dreifaltigkeit als geometrische Darstellung.

Im Gegensatz zur zweiten Darstellung bist nun du selbst ein Teil davon, zu finden als ‚ICH BIN DA'.

Alles, was dir jetzt … und jetzt … und jetzt begegnet, seien es Menschen oder Umstände, findest du auf der dir gegenüberliegenden Seite als ‚ES IST'.

Und Gott? Er ist das ‚ICH BIN', das ALPHA und das OMEGA, der Schöpfer allen Seins. Er ist die Liebe. Er ist das Leben. Er ist untrennbar mit allem, was Er aus sich heraus erschafft, EINS.

(Anmerkung: Bitte füge auf der linken unteren Seite des Dreiecks *deinen* Namen ein.)

‚ICH BIN'
GOTT

‚ICH, ………………..,
BIN DA'

‚ES IST'
Umstand /
du, der Mensch

Gottes ‚ICH BIN'-Allgegenwart und -Allmacht ist sowohl in mir – dem ‚ICH BIN DA', als auch in allen Umständen, Wesen und Menschen – in allem, was und wie ‚ES IST'.

Nun bekommst du von mir einen Auftrag: Kopiere dir die Darstellung und schneide sie an den gestrichelten Linien aus. Die Zeichnung und der Schlüsselsatz dürfen dich eine Woche lang ganz intensiv begleiten.

Nimm dir als erstes heute Abend vor dem Einschlafen ein paar Minuten Zeit und versuche dich ganz auf das Bild einzulassen, dich hineinzufühlen – ohne jede vorgefertigte Meinung, ohne jegliche Erwartung. Wiederhole das Ganze morgen früh nach dem Erwachen. Falte dann das Blatt zusammen und trage es tagsüber bei dir.

Zieh dich, wenn du dich durch äußere Umstände zum Bewerten und Verurteilen verleiten lässt und dabei deinen inneren Frieden verlierst, aus dem Umstand zurück und hole das Blatt hervor. Betrachte die ‚ICH BIN DA'-Ecke, denn da stehst *du*! Immer! Egal ob du dich im Augenblick als positiven oder negativen Menschen siehst. Gestehe dir ein, dass du in den zurückliegenden Minuten deine ganze Energie in die gegenüberliegende Ecke des ‚ES IST' hast fließen lassen. Weil du den Umstand bzw. das Verhalten des Gegenübers nicht verstehen, nicht akzeptieren und schon gar nicht respektieren konntest, wurdest du zum Richter. Du weißt aus schmerzvoller Erfahrung: Dem Richter in dir ist es nicht möglich, die Göttlichkeit in allem zu erkennen.

Gestehe dir selbst das Begrenzt-Sein deiner Sichtweise und Wahrnehmung ein, sei nachsichtig mit deinem Mensch-Sein! Richte dann deinen Blick auf die obere Spitze des Dreiecks, auf Gott, auf das ‚ICH BIN'. Verfolge gedanklich und gefühlsmäßig das Fließen Seiner bedingungslosen Liebe auf der Linie bis zu dir – und ebenso das Fließen Seiner bedingungslosen Liebe auf der Linie zu den Umständen und den daran beteiligten Menschen.

Verstehst und fühlst du nun, dass durch dein Bewerten und Verurteilen die Liebe Gottes ausgebremst wird, die Er von deiner Seite aus *nur durch dich* in die Umstände und Menschen gegenüber fließen lassen kann? Sei dankbar, dass deine Seele dir dieses Blockieren durch das schmerzhafte Fühlen des inneren Unfriedens deutlich macht.

Dasselbe geschieht auch auf der ‚Umstände/du, der Mensch'-Seite: Auch dort sorgt der innere Unfrieden, der ja die Sehnsucht nach Frieden und Liebe in sich trägt, früher oder später dafür, dass die Blockade aufgegeben wird und die bedingungslose Liebe Gottes frei fließen kann, zum Wohle des Ganzen, zur vollen schöpferischen Kraft der Dreifaltigkeit!

Wenn es dir durch meine Worte und die Darstellung des Dreiecks gelingt, dein Bewusstsein liebevoll sowohl auf Gott, auf die Umstände als auch auf dich zu richten, hast du dich der bedingungslosen Liebe Gottes wieder geöffnet.

Mein nachstehendes Mantra kann dich wunderbar an die Dreifaltigkeit erinnern, jetzt … und jetzt … und jetzt ….

Noch kraftvoller wirkt es, wenn du dazu mit den Händen folgende Bewegungen ausübst:

Bei „Ich bin“ hebst du beide Hände seitlich über den Kopf, so dass die Arme zusammen mit dem Körper ein Y bilden. Dabei ist dein Blick nach oben gerichtet. Damit machst du dir bewusst, dass alles, was ist und geschieht – weltweit und zu jeder Zeit – vom Schöpfer ausgeht.

Bei „es ist“ berührst du mit den Fingerspitzen der rechten Hand dein Stirn-Chakra, die linke Hand liegt sanft auf der rechten Hand. Dies ist der Sitz deines Anteiles an der Weisheit und Klarsicht Gottes. Damit erkennst du an, dass alles, was ist und geschieht, der bedingungslosen Liebe Gottes entspringt, auch wenn der begrenzte menschliche Verstand es nicht erfassen kann.

Bei „ich bin da“ legst du die rechte Hand sanft auf dein Herzchakra, die linke Hand liegt darüber. Dazu nickst du und bestätigst so deine Bereitschaft, die bedingungslose Liebe Gottes zu erwidern und durch dich in alles, was ist, fließen zu lassen.

Wenn du diese Übung eine Woche lang praktizierst, wirst du eine grundlegende Veränderung sowohl in deiner Sichtweise und Wahrnehmung als auch in deiner Re-Aktion auf die Umstände und die daran beteiligten Menschen erfahren.

Der innere Friede und die durch dich fließende bedingungslose Liebe sind der Lohn für dein Durchhalten – und Ansporn, aus der Übung eine dauerhafte innere Einstellung zu machen.

Ich bringe dir zum Abschluss dieses Kapitels noch ein Gedicht in Erinnerung, das ich euch bereits vor Jahren übermittelte.[15] Durch meine vorhergehenden Erklärungen wirst du es nun noch tiefer verstehen – und fühlen können:

Es kommt die Zeit,
da BIN ICH für die Göttlichkeit bereit.
Es kommt das Jahr,
da versteh ich alles, was war.
Es kommt der Tag,
an dem ich zu erkennen vermag:
Alles kommt aus Gottes Hand,
ganz gleich, ob in dunklem oder hellem Gewand.
Es kommt die Stunde,
da vernehm' ich in mir die Kunde:
„Sei still – und wisse, ICH BIN Gott.
Es gibt für MICH nur ein Gebot:
Liebe, was du tust und den, der du bist,
hör auf dein Herz, damit du nie vergisst, wer ICH BIN.
Dann hat alles einen Sinn."
Es kommt der Augenblick,
da schau ich nicht nach vorn und nicht zurück.
Da BIN ICH, der ICH BIN
und mein Dasein hat einen Sinn.
Ich bin nie mehr allein,
denn ICH BIN daheim –
ICH BIN ALL-EIN.

---

[15] Nachzulesen im Buch ‚Ich bin geliebt, so wie ich bin', Seite 76, Bezugshinweis auf Seite 153/154.

Du bist das Licht in der Dunkelheit

(Wintersonnwend-Meditation vom 21.12.2018)

Stell dir vor, es wird eines Abends plötzlich dunkel in deinem Zimmer, in deinem Haus, in der ganzen Straße. Überall in deiner Stadt gehen die Lichter aus. Nach kurzem Erschrecken machst du dich auf die Suche nach einer Lichtquelle, die keinen Strom benötigt. Leider schwächelt die Batterie in deiner Taschenlampe, so dass du auf die gute alte Kerze zurückgreifst.

Eine Kerze allein nützt dir nichts. Du brauchst dazu einen Anzünder: Du nimmst ganz altmodisch ein Streichholz zur Hand und ritsch – schon brennt der Docht, und die lange unbeachtet in einer Schublade auf ihren Einsatz wartende Kerze macht den Raum gleich heller. Die Dunkelheit verliert ihren Schrecken; im Licht der Kerze kannst du dich gut orientieren, ruhig an den Tisch setzen – und warten. Irgendjemand wird irgendwann und irgendwo den Schaden im Stromnetz beheben …

Es dauert allerdings länger, als du gedacht hast. Langsam wirst du unruhig, nimmst die Kerze zur Hand und begibst dich nach draußen. Aus vielen Nachbarhäusern kommen ebenfalls Menschen mit Kerzen in den Händen, treffen sich auf der Straße und bilden einen Kreis. Das flackernde Licht der vielen Kerzen erleuchtet ihre Gesichter – und die Mitte der Runde. Mutmaßungen über den Grund des Stromausfalls werden ausgetauscht; vereinzelt kommt Verunsicherung auf, die sich noch vergrößert, als ein plötzlicher Windstoß die Kerzen zum Erlöschen bringt. Alle – bis auf deine. Denn du hast vorsorglich die Flamme mit deiner

Hand beschützt. Sofort bist du von den anderen umringt, die dankbar und äußerst vorsichtig ihre erloschenen Kerzen an deiner Flamme neu entzünden und es dir gleichtun: So schnell wird kein Windstoß mehr euer Licht in Gefahr bringen.

Hast du innerlich die Szene gesehen? Zog sich während des Lesens das anfängliche Unbehagen beim Gedanken an ein Ausgeliefertsein an die Dunkelheit zurück? Fühltest du dich zunehmend warm und geborgen? Konntest du die Wichtigkeit erkennen, die dir zugefallen ist? Als Lichtträger deine Flamme zu schützen, um sie an jene weiterzugeben, deren eigenes Licht durch die Umstände oder ihre Unachtsamkeit verloren gegangen war?

Du bist mehr noch als ein Lichtträger! Du bist die Kerze selbst, die den Auftrag hat, Licht in die Materie zu bringen! Doch was nützt eine Kerze, wenn kein Streichholz zur Hand ist? *Ich bin* das Streichholz, mit dem dein inneres Licht entzündet werden kann. Doch was nützt ein Streichholz, wenn keine Hand da ist, die es entzündet? Die Liebe/das Leben/Gott ist die Hand, die mich ganz nahe zu dir bringt, damit deine Liebe und dein Vertrauen in das Leben entflammt wird – immer wieder aufs Neue!

Es mögen Windstöße kommen, Stürme, Umstände, die dich, wenn du allein unterwegs bist, zum Straucheln bringen. Vielleicht haben sie sogar die Macht, deine Liebe, dein Vertrauen und deine Begeisterung gefährlich flackern zu lassen. Ja, es mögen Umstände kommen, die die Kraft haben, es in dir dunkel zu machen. Erinnere dich dann daran: Das Leben/die Liebe/Gott selbst gibt dir den Auftrag, Licht zu sein. Sei bereit für neues Entzünden, manchmal durch mich, ein anderes Mal durch eine Menschenseele, die denselben Auftrag hat wie du und achtsam mit der Flamme umgeht.

Stell dir noch einmal das Bild der Menschen vor, die im Kreis stehen, um sich gegenseitig zu stärken und Licht durch ihre Kerzen in die Dunkelheit zu bringen. Der Sturm mag euch umtoben, doch sieh und fühle jetzt die großen, liebenden Hände des Einen, die dich und die anderen im Kreis schützend umschließen. Außen mögen die Winde brausen, in eurer Mitte ist es durch euer Zusammenstehen, euer gemeinsames Vertrauen und eure Liebe hell und still.

Doch was geschieht mit den Menschen, die im Dunkeln ihrer Wohnungen sitzen, ohne Kerze und voller Angst? Es kommt der Augenblick, in dem die Sehnsucht nach dem Licht größer ist als die Angst vor der Dunkelheit. Dann werden sie den Mut aufbringen, aus dem Fenster zu blicken und euren Lichtkreis sehen. Was hindert sie daran, sich euch anzuschließen? Nehmt sie in eure Mitte, hinein in

Licht und Wärme, Liebe und Vertrauen – und schenkt ihnen so die Möglichkeit, die fürsorglichen und behütenden Hände Gottes zu fühlen – selbst und gerade im größten Sturm der Zeiten.

Der größte Datenspeicher der Welt

Gewiss ist dir bekannt, dass das Element Wasser den größten Anteil an deinem menschlichen Körper besitzt. Hast du dir schon einmal Gedanken darüber gemacht, was da genau durch dich fließt und dir maßgeblich das Leben ermöglicht?

Das Wasser, das sich auf dem Planeten Erde befindet, ist seit seiner Entstehung in einem geschlossenen Kreislauf. Es ist EINS in unzählig vielen verschiedenen Formen, manifestiert sich in mächtigen Ozeanen ebenso wie in kleinsten Molekülen.

Selbst in dir zeigt es sich in den unterschiedlichsten Arten: Blut, Schleim, Tränen, Lymphflüssigkeit, Schweiß und Urin werden dir auf Anhieb einfallen. Solange dir die damit verbundenen körperlichen Funktionen Gesundheit schenken, machst du dir wahrscheinlich keine großen Gedanken über das Element Wasser in dir. Du glaubst deine Pflicht der Fürsorge deinem Körper gegenüber zu erfüllen, indem du täglich ausreichend Flüssigkeit zu dir nimmst. Alles Weitere wird schon von selbst vonstattengehen …

Ich kehre noch einmal zu einer meiner vorherigen Aussagen zurück, die du ein wenig zu schnell überlesen hast: Das Wasser ist seit Beginn der Materie ein und dasselbe! Das bedeutet, dass das Wasser, das in diesem Augenblick durch dich fließt, bereits *alles* war: Wolke, Regen, Quelle, Fluss, Meer, Gletschereis, Schnee. Es floss durch Berge und tief in der Erde, strömte als Saft durch alle bisher gewachsenen Pflanzen, rann als Blut durch alle bisher lebenden Tiere, floss durch alle Menschen, die je lebten – und jetzt durch dich! Das Wasser, das dich in diesem Augenblick durchströmt und am Leben erhält, ist dasselbe, das auch durch Jesus floss! Es war sein Blut, sein Schweiß, sein Urin, waren seine Tränen. Wasser schließt nichts aus, es strömt ohne zu werten. Es ist *eins*, auch im sichtbaren Getrenntsein. Es verbindet die Vergangenheit mit der Gegenwart und der Zukunft, denn es ist verkörpertes ‚HIER und JETZT'.

Kannst du meine Aussage in ihrer ganzen Tiefe fühlen? Erfassen kann sie der begrenzte Menschenverstand nicht.

Alles, was das Element Wasser in jedem einzelnen Augenblick wahrnimmt, speichert es in sich selbst – in seiner Ganzheit – ab. Alles, was je auf deinem Planeten Erde geschehen ist, alles, was in diesem Augenblick geschieht – und alles, was je geschehen wird: Das Wasser ist der Speicher aller Informationen!

Ihr habt in der Materie in den letzten Jahren und Jahrzehnten etwas Ähnliches technisch umgesetzt. Ihr verfügt über – für eure Verhältnisse – gigantische Datenspeicher. Unzählige Menschen waren und sind täglich damit beschäftigt, das Wissen zu allen nur erdenklichen wichtigen und unwichtigen Themen zu aktualisieren und zu ergänzen. Mit einem kurzen Klick am Computer ist es dir möglich, Zugang zu dieser weltweiten, immensen Datenflut zu bekommen. Eine Frage, von dir eingetippt, wird in Sekundenschnelle beantwortet. Aus unzähligen Antworten kannst du die für dich plausibelste auswählen.

In den letzten Jahren jedoch häufen sich Berichte über Missbrauch des Internets. Es gibt in ihm auch eine dunkle Seite, die die Möglichkeit bietet, sich Zugang zu Verbotenem und Ungesetzmäßigem zu verschaffen.

Es liegt also an jedem einzelnen Menschen, wie er mit der Informationsmöglichkeit dieses Mediums umgeht. Er entscheidet, welche Seiten er besucht und welche Informationen er abruft.

Ebenso verhält es sich mit dem Datenspeicher des Wassers. Jedes Lebewesen holt sich genau das Wissen aus diesem Element, das es für das Wachsen, Entwickeln, Überleben und Erhalten seiner Art benötigt. Hast du dich schon einmal gefragt, woher die unterschiedlichsten Pflanzen und Tiere all ihr ‚Wissen' haben? Ihr nennt es Instinkt und habt vielerlei Erklärungen. Lass mich dir ein paar Beispiele nennen, die dich vielleicht ein wenig nachdenklich stimmen: Woher wissen Hühnerküken, dass es Zeit zum Schlüpfen ist und wie sie sich aus der harten Eischale befreien können? Beim Ausbrüten in Brutkästen ist keine Bruthenne in der Nähe, die behilflich sein könnte.

Woher wissen frisch geschlüpfte Meeresschildkröten, dass es für sie überlebenswichtig ist, unverzüglich zum Meer zu laufen? Diese Frage kommt dir bekannt vor, ich stellte sie bereits in einem anderen Zusammenhang.

Woher weiß ein Kuckucksküken, wie es sich im Nest der Pflegeeltern zu verhalten hat, um zu überleben und seine Art zu sichern? Woher weiß ein erwachsenes Kuckucksweibchen, in welches fremde Nest es sein Ei legen soll? Es hat seine Mutter nie kennengelernt.

Woher weiß ein Löwenjunges, dass es sich beim Transport im Maul seiner Mutter völlig bewegungslos zu verhalten hat?

Kannst du jetzt vielleicht schon die Möglichkeit zulassen, dass bereits bei der Entstehung in der Eihülle bzw. in der Gebärmutter das sich entwickelnde Wesen alle Informationen, die es benötigt, aus dem umgebenden Fruchtwasser erhält?

Ebenso bist auch du fast zehn Monate lang im Körper deiner Mutter sowohl durch das Fruchtwasser wie auch das Wasser, das durch deinen kleinen Körper floss, mit Informationen versorgt worden: Informationen, die für dein Mensch-Sein wichtig sind und dadurch deiner Seele dienen. Nach deiner Geburt nahmst du ständig über die Nahrung, die Atemluft und die Haut weitere, aktualisierte Informationen auf. So ‚wusstest' du, wann es Zeit ist, mobil zu werden, dich selbstständig umzudrehen, zu krabbeln, aufzurichten, Stehen und Gehen zu üben, feste Nahrung zu dir zu nehmen, deinen Verstand zu gebrauchen, Worte zu verstehen und selbst Worte zu sprechen.

Auch heute noch bist du in jedem Augenblick an den größten Datenspeicher der Welt angeschlossen. Beständig gibst du aber auch Wasser an die Umwelt ab. Über deine

Schweißdrüsen, deine Augen, deine Nase, deine Blase, deine Atemluft: Wasser, das zuvor alles, was du fühlst und denkst, was du sprichst und wie du handelst, abgespeichert hat – und in das *eine* Wasser einspeist.

Taucht jetzt ein weitergehender, erschreckender Gedanke in deinem Verstand auf? ‚Ist es dann vielleicht sogar möglich, dass in diesem Augenblick auch Informationen von Verbrechern, Mördern, Despoten, Betrügern durch meinen Körper fließen und die Macht haben, mein Leben negativ zu beeinflussen? Das wäre eine Erklärung für die vielen abwegigen Gedanken, die immer wieder – scheinbar ohne mein bewusstes Denken – in meinem Verstand auftauchen und mir den inneren Frieden rauben! Die mich manchmal vor mir selbst schaudern und erschrecken lassen!‘

Erinnere dich an meine Erklärung zum ‚dunklen‘ Teil des Internets. *Du* entscheidest, welche Seite du aufrufst! *Du* entscheidest, mit welcher Information du in *Resonanz* gehst, in jedem Augenblick aufs Neue!

Bis jetzt hast du dies unbewusst getan und dich gewundert, welche Energien dich beeinflussten: helle und dunkle. Es geschah genau das, was ich dir in diesem Kapitel erkläre. Bei Angstgedanken und -gefühlen gehst du in Resonanz mit aller Angst, die seit Anbeginn der Materie im Wasser gespeichert ist! Bei Wut geschieht dasselbe, ebenso bei Hochmut, Missgunst oder Süchten. Aus geistiger Sicht stellt das keine ‚Fremdbesetzung' oder ‚Fremdbestimmung' dar, wie es so oft von Menschen erklärt wird. Es ist vielmehr ein Geschenk des Lebens, um deinem Mensch-Sein auf diese Art durch Zuspitzung die Möglichkeit zu geben, das Lernthema mit aller Energie anzugehen.

Du kannst es dir so vorstellen, als seist du in eine Sackgasse geraten, an deren Ende eine Bretterwand jegliches Weitergehen verhindern wird. An dieser Wand befindet sich eine Botschaft, die die Erkenntnis für dich bereithält: „Ende der Sackgasse! Dreh um, geh den Weg zurück und schlage die Richtung ein, die dich weiterbringt." Wenn du auf den eindringlichen Wunsch und Rat der Menschen hin, die Angst um dich haben, vorzeitig umdrehst, fehlt dir die eigene Erkenntnis – und du wirst wahrscheinlich bei nächster Gelegenheit in dieselbe Sackgasse hineinlaufen.

Was aber geschieht, wenn dich jemand von hinten noch anschiebt? Kommst du dann nicht schneller am Ende der Sackgasse an, kannst früher erkennen, dass es so nicht weitergeht und umkehren?

So dient letztlich jede aufgerufene Information aus dem Wasserdatenspeicher der Entwicklung und Reifung des Mensch-Seins und der Seele.

Warum machst du ab jetzt nicht von der Möglichkeit Gebrauch, bewusst in Resonanz mit den Energien der im Wasser gespeicherten Gefühle, Gedanken und Handlungen zu gehen? Was hindert dich daran, dich bewusst an die Fülle von Liebe, Vertrauen, Dankbarkeit, Fröhlichkeit, Zärtlichkeit, Heil-Sein und Eins-Sein anzuschließen, die seit Anbeginn der Welt von allen Elementen und Wesen der Materie eingespeist wurde?

Du weißt nicht, wie du dies bewerkstelligen könntest? Dann mache ich dir ein paar Vorschläge, die sich leicht umsetzen lassen und als Übung anbieten:

Wenn dir bei deinem nächsten Spaziergang ein Schmetterling begegnet, so lass den Gedanken zu: ‚Ich gehe in Resonanz mit dem Wesen des Schmetterlings.' Lass dich dann ganz auf den Augenblick und die Begegnung mit dem Tier und seinem Wesen ein. Glaub jetzt nicht, du könntest dann fliegen. Dein Mensch-Sein setzt dir Grenzen. Doch du wirst erstaunt sein, mit welcher Leichtigkeit, Anmut und welchem Gefühl der eigenen Schönheit du deinen Weg fortsetzt.

Geh an einem Wintertag in Resonanz mit dem Wesen einer Schneeflocke: mit ihrer Einmaligkeit, Schönheit, Leichtigkeit. Auch die Hingabe an die Umstände, auf die sie trifft, wird dir eine große Hilfe sein. Es ist ihr einerlei, ob sie umgehend schmilzt oder ihren Auftrag erfüllt, die Natur gegen die Kälte abzuschirmen. Welche Kraft und Botschaft liegt doch für dich in der Erkenntnis: ‚Ich diene da, wo das Leben mich hinweht. Es ist gut!'

Geh an einem hellen und warmen Sommertag in Resonanz mit der Sonne und profitiere von der Bedingungslosigkeit, mit der sie auf alles und jeden herabstrahlt, der sich in ihrem Bereich befindet.

Geh in Resonanz mit einer im strömenden Regen singenden Amsel: Werde eins mit ihrem Vertrauen, dass auf den Regen die Sonne wieder scheinen wird, und mit ihrer Dankbarkeit, dass der Regen für ein reich gedecktes Büfett an Nahrung sorgen wird.

Du kannst auch in Resonanz mit einem besonders talentierten Menschen gehen. Doch es ist ein Irrtum zu glauben, du erhieltest dadurch auf der Stelle die Möglichkeit, wie ein berühmter Konzertpianist anspruchsvolle Stücke auf dem Klavier zu spielen. Was du jedoch für *dein* Tun erfahren und übernehmen kannst, sind die Geduld und Ausdauer, immer wieder dasselbe zu üben, bis es dir gelingt …

Dir werden bald selbst Möglichkeiten einfallen, die dich in anspruchsvollen Situationen in Resonanz mit kraftspendenden, heilsamen und erinnernden Energien bringen. Du wirst dadurch ein Potenzial erfahren, das dir bisher unbekannt war.

Es kommt der Augenblick, da bist du bereit, dich direkt – ohne Umweg über andere Wesen – mit den göttlichen Energien der Liebe und des Vertrauens und ihren vielen Unterarten wie Freude, Begeisterung, Lebenskraft, Ruhe, Mut, Hingabe, Glaubenskraft zu verbinden. Anfangs wird es dir helfen, dies bewusst mit Gedanken einzuleiten: ‚ICH BIN EINS mit der Liebe in allem, was ist.' ‚ICH BIN EINS mit dem Vertrauen in allem, was ist.' ‚ICH BIN EINS mit dem Mut in allem, was ist.' Es wird dir mit jedem Mal leichter fallen und immer selbstverständlicher werden.

Trotzdem wird es immer wieder vorkommen, dass du bewusst oder unbewusst mit den ‚dunklen' Energien in Resonanz gehst. Du erkennst dies daran, dass du sofort deinen inneren Frieden verlierst. Mach dir dann keine Selbstvorwürfe, sie bringen dich nur noch mehr aus dem inneren Gleichgewicht. Du stehst nun einmal mit beiden Beinen in der lauten, lockenden und zweifelnden Welt und bist ihren Einflüssen ausgesetzt. Erkenne bereits bei den ersten Schritten die Sackgasse, in die du geraten bist, gehe wieder bewusst in das EINS-SEIN mit den ‚hellen' Energien der Materie und des Lebens, kehre um und setze deinen Weg der Liebe und des Vertrauens fort.

Es ist der Weg, den Jesus ging, den er für alle Menschenseelen bahnte und zu dem er auch dich ermutigt. Es ist der Weg, der schließlich zum höchsten Bewusstsein führt, das ein Mensch erreichen kann: Zur Erkenntnis

„ICH BIN
die Verbindung von Raum und Zeit
mit der Unendlichkeit und der Ewigkeit
durch bedingungslose LIEBE
und bedingungsloses Vertrauen,

denn in mir und durch mich wirkt der, dessen Name lautet: ICH BIN der ICH BIN.

Ich bin gesegnet mit der inneren Kraft, die über aller weltlichen Macht liegt: ICH BIN der ICH BIN.

Ich bin gesegnet mit einem inneren Frieden, der über allen äußeren Umständen liegt: ICH BIN der ICH BIN."[16]

[16] Das Zeichen des Christusträgers, nachzulesen im Buch ‚Der Weg der Seelen zu dem, der ICH BIN', Seite 108 ff., Bezugshinweis auf Seite 153.

Das Lebenslabyrinth

Meine letzte erinnernde Botschaft in diesem Buch packe ich in eine Erzählung:

Ein Mann zieht sich nach jahrelanger vergeblicher Suche nach Weisheit, Erkenntnis und Erleuchtung auf einen Berg zurück. Dort, in der Einsamkeit und dem Himmel so nah, hofft er den Gipfel des Mensch-Seins erreichen zu können. Er errichtet sich eine einfache Behausung und lebt in völliger Abgeschiedenheit im Einklang mit der Natur und den Elementen. Es dauert Jahre, bis er alle seine egoistischen, selbstherrlichen, selbstgerechten und selbstmitleidigen Seiten erkannt und aufgearbeitet hat – und sie schließlich besiegt glaubt.

Zwischendurch sucht er immer wieder einen Felsvorsprung auf, von dem aus er eine gute Sicht auf die unten im Tal liegende Stadt hat. Sind seine Gefühle anfangs noch von Sehnsucht nach den Freunden, Gewohnheiten und Annehmlichkeiten seiner alten Welt geprägt, schüttelt er zunehmend den Kopf über die Hektik und den Lärm, die manchmal bis zu ihm hinaufdringen.

Dann, eines Morgens, ist es soweit: Er erwacht mit einem bisher noch nie erlebten Hochgefühl, und tiefer innerer Friede erfüllt ihn. Das Quellwasser, das er trinkt, schmeckt so köstlich wie nie zuvor, die Beeren erscheinen ihm wie Manna, das nur für ihn vom Himmel gefallen ist. Er ist von Licht erfüllt und von Licht umgeben. Die Natur leuchtet in überirdischen Farben und es scheint ihm, als schwebe er in der Luft und als würden seine Füße den Boden überhaupt nicht mehr berühren. Das *muss* die langersehnte und so schwer erkämpfte Erleuchtung sein! Er tanzt euphorisch unter dem klaren Himmel und ruft immer wieder aus: „Ich habe es geschafft! Ich bin erleuchtet! Ich bin ein Erleuchteter!"

Mittlerweile hat er den Aussichtspunkt erreicht und bleibt völlig außer Atem stehen. Wie unzählige Male zuvor setzt er sich auf die Steinplatte, die ihm so vertraut ist, und blickt nach unten. Doch was ist das? Bisher glaubte er, die Stadt genau zu kennen. Jahrelang war er von hier oben mit seinen Blicken den einzelnen Straßen gefolgt, kannte jedes Gebäude, jede Gartenfläche. Er hatte die einzelnen Menschen beobachtet, die in Hektik umherrannten und ihren Geschäften nachgingen. Doch diesmal nimmt er die Stadt auf eine völlig andere Weise wahr: Sie ist ein riesengroßes, graues Labyrinth!

Er sieht die vielen steinernen Mauern, die meterhoch die Sicht begrenzen. Er erkennt den Eingang, der gleichzeitig der einzige Ausgang ist. Und er sieht von seinem erhöhten Standort aus die vielen, vielen Menschen, die durch die engen Gänge des Bauwerks irren. Wie durch ein Fernglas kann er jeden Einzelnen von ihnen wahrnehmen: ihre Verzweiflung, ihre Aggression, ihre Ratlosigkeit, ihre Mutlosigkeit, ihre Müdigkeit. Erschüttert wendet er den Blick zum Himmel und dankt Gott für seine Errettung: „Wie dankbar bin ich, dass ich dem allem rechtzeitig entkommen konnte und zur Erkenntnis gelangt bin! Meine Abgeschiedenheit ermöglichte mir die Erleuchtung – und diese ermöglicht mir die Sicht auf die Wahrheit! Endlich sehe ich die Welt dort unten, wie sie wirklich ist! Ein Irrgarten! Ein Wahnsinn, der die Menschen verrückt macht! Jetzt weiß ich, welche Berufung Du mir auferlegst: Ich *muss* in das Tal hinabgehen, den armen Eingekerkerten den Weg hinaus aus dem Labyrinth zeigen und sie auf den Berg der Erleuchtung führen!“

Doch zunächst ist es wichtig, dass er das Bauwerk genau studiert und sich den einzigen Weg, der durch alle Gänge hindurch bis zur Mitte und von dort wieder zum Ausgang führt, genau einprägt! Immer wieder wird er dabei abgelenkt, ermöglicht ihm seine ‚Erleuchtung‘ ja gleichzeitig die Sicht auf das Ganze wie auch den Blick auf die einzelnen Herumirrenden. Es schaudert ihn beim Anblick all des Elends, das er dabei wahrnimmt. Er sieht Menschen, die voller Hoffnung einen neuen Weg einschlagen, um doch wieder vor einer Steinmauer zu stehen, die jedes Weiterkommen verhindert. Unzählige liegen wimmernd und kraftlos am Ende der Sackgassen, unfähig sich aufzurichten und weiterzugehen. Einige haben sich zu Führern ernannt und versprechen den Suchenden, sie zum Ausgang zu leiten. Doch auch diese Grüppchen enden früher oder später vor einer meterhohen Steinwand und wenden sich enttäuscht oder wütend vom vermeintlichen Retter ab.

Plötzlich bleibt sein Blick an einem Mann hängen, der ganz allein und voller Gelassenheit durch die Gänge wandelt. In seiner Ruhe hebt er sich von den vielen anderen ab. Kann es sein, dass er den Ausweg kennt? Fast scheint es dem Einsiedler so, denn der Mann dort unten bückt sich immer wieder hinab zu denen, die zusammengebrochen sind, spricht kurz mit ihnen und setzt dann unverzüglich seine Wanderschaft fort.

Gebannt verfolgt der Beobachter dessen weiteren Weg. Kurze Zeit später schüttelt er enttäuscht den Kopf. Von seinem Standpunkt aus sieht er bereits im Voraus, dass der eingeschlagene Weg nach der nächsten Biegung ebenfalls an einer Steinmauer enden wird. Ohne zu überlegen springt er auf, legt seine Hände zu einem Trichter geformt vor den Mund und ruft, so laut er kann: „Halt ein! Das ist ein Irrweg! Kehr um! Ich kann dir den richtigen Weg weisen!“ Doch seine Stimme dringt nicht bis in das Tal hinab, und der Mann dort unten setzt weiter Fuß vor Fuß. Schon biegt er um die Ecke und entdeckt die Wand, die jedes Weitergehen unmöglich macht. Trotzdem geht er langsamen Schrittes darauf zu!

Ein Schaudern überkommt den Einsiedler, als er zu der Einsicht gelangt, dass der einzige Mensch dort unten, der nicht verzweifelt umherirrt, ein Wahnsinniger sein muss!

Wie lange mochte er wohl schon vergebens einen Ausweg suchen? Jetzt ist dem Beobachter auch klar, weshalb sich ihm niemand anschließt. Wahrscheinlich kennen die Suchenden den Verrückten bereits und ignorieren ihn deshalb!

Was wird wohl als Nächstes geschehen? Müsste der Arme nicht auch früher oder später kraftlos in sich zusammensinken? Doch nein: Stattdessen bleibt er minutenlang aufrecht und ruhig vor der Mauer stehen, richtet dann den Blick zum Himmel, nickt und verneigt sich! Vor der Mauer? Er hat den Verstand verloren, daran gibt es keinen Zweifel für den Einsiedler. Ob dieser Mann noch zu retten ist? Er wird es versuchen!

Letzte prüfende Blicke wirft er auf das Labyrinth, bis er sich ganz sicher ist, den Ausweg aus dem Bauwerk zeigen zu können. Als er sich schon umwenden will, entdeckt er die Mitte des Irrgartens. Wie zum Hohn lädt dort eine kreisrunde, mit Gras bewachsene Fläche zum Ausruhen ein. Einige einfache Holzbänke stehen zu diesem Zweck bereit. Wenige Menschen haben darauf Platz genommen, um Kraft zu sammeln für die weitere Suche nach dem Ausgang. Dort könnte er gut mit den Menschen sprechen und ihnen von der einzigen Möglichkeit auf Rettung erzählen.

Es gilt keine Zeit mehr zu verlieren! Entschlossen macht er sich an den Abstieg. Gott selbst hat ihm, dem Erleuchteten, den Auftrag zur Rettung der Verirrten gegeben!

Während er bergab geht, tauchen in ihm immer mehr Fragen auf: Wer mochte wohl dieses tückische Labyrinth errichtet haben? Und zu welchem Zweck? Warum lässt

Gott so etwas zu? Ist Sein Gegenspieler zu mächtig? Oder ist Gott die Erstellung des Gemäuers entgangen? Egal: Jetzt schickt Er *ihn*, den Wissenden, zur Rettung!

Immer hastiger werden seine Schritte, einige Male kann er gerade noch einen Sturz verhindern. Er bemerkt gar nicht, dass er das Licht, das ihn am Morgen noch ganz erfüllt hatte, nicht mehr besitzt. Völlig außer Atem torkelt er die letzten Meter auf den Eingang des Labyrinths zu. Besessen vom Gedanken, die vielen Verirrten zu retten, hetzt er in den ersten Gang, biegt nach rechts ab, nimmt bei der nächsten Biegung den sich fest eingeprägten Weg nach links, stolpert, rafft sich wieder auf, in der Hoffnung, bald auf Hilfesuchende zu treffen. Da hört er leises Wimmern. Wo kommt es her? Er folgt dem verzweifelten Weinen durch mehrere Gänge – und merkt viel zu spät, dass er die Orientierung verloren hat. Groß und dunkel ragt eine Mauer vor ihm auf. Das Weinen ist mittlerweile verstummt …

Ein fürchterlicher Gedanke taucht in ihm auf: Wurde er eben bewusst in eine Falle gelockt? Von dem unbekannten Bösen, der dieses Gefängnis erbaut hat? Er muss zurück zum Eingang, der jetzt für ihn zum rettenden Ausgang werden soll. Doch wohin er sich auch wendet, so sehr er sich auch anstrengt: Jeder neue Weg, den er einschlägt, endet an einer weiteren steinernen und unüberwindlichen Mauer.

Geschwächt durch den überhasteten Abstieg, mutlos durch die vergebliche Suche nach dem Ausgang, bricht er schließlich vor einer der verfluchten Wände zusammen. In diesem Moment wird ihm bewusst: Das Dunkle hat das Licht besiegt!

Wie lange er so daliegt? Schluchzend und vom Grauen durchgeschüttelt? Er hat jegliches Zeitgefühl verloren. Plötzlich fühlt er eine sanfte Berührung an der Schulter. Erschrocken blickt er auf und erkennt den Verrückten, den er von seinem Aussichtspunkt aus beobachtet hatte. Ein Lächeln umspielt dessen Mund, als er sich zu dem Zusammengebrochenen hinabbeugt und ihm eine Hand entgegenstreckt. Es dauert einen langen Augenblick, ehe der Verzweifelte die Hilfe annimmt und sich langsam aufrichtet.

Als sei damit sein Auftrag erfüllt, wendet sich der Verrückte der Mauer zu und tritt ganz nahe an sie heran. Er verharrt einige Atemzüge still, wendet dann – wie der Einsiedler es bereits vom Berg herab beobachtet hatte – den Blick nach oben und spricht einige leise, unverständliche Worte. Danach verneigt er sich vor der Mauer, dreht sich um und schickt sich an, den schmalen Gang zu verlassen.

Schnell folgt ihm der Einsiedler, stellt sich ihm in den Weg und fragt: „Wie kannst du nur so gelassen durch diese Irrwege gehen? Siehst du nicht, dass wir alle gefangen sind in Mauern, die ein Wahnsinniger erbaut haben muss?"

Der Verrückte wendet sich ihm zu und antwortet mit ruhiger Stimme: „Es gibt keinen Verführer, der uns hierher gelockt hat. Gott selbst schenkt uns in diesem Bauwerk vielmehr die Möglichkeit, zu Erkenntnis und Erleuchtung zu kommen."

Der so Angesprochene reißt entsetzt seine Augen auf. Welch ein Gottesfrevel! Schon will er lautstark widersprechen, da setzt der andere seine Erklärung fort: **„Siehst du denn nicht, was an jeder Mauer, an die uns unser Weg**

führt, geschrieben steht? Es liegt an jedem von uns, es zu lesen, darüber nachzudenken und es auf unserem Weiterweg umzusetzen. Gesegnet bin ich, denn es ist ein Privileg, diese Segnungen zu erhalten. Gesegnet ist jeder, der hier seinen Weg geht, die Segnungen an den Mauern entdeckt und annimmt."

Betroffen lässt der Einsiedler den Mann los. Dieser nickt ihm lächelnd zu und setzt seinen Weg der Erkenntnis fort.

Immer wieder schüttelt der selbsternannte Erleuchtete den Kopf. Die Worte des Verrückten drehen sich in seinem Verstand und lassen langsam aus der so vorschnellen Bewertung Neugier entstehen. Hat er sich denn die Mauern, von denen er ausgebremst wurde, einmal genauer angesehen? Nachdenklich dreht er sich um und kehrt langsam zu der Wand zurück, vor der er zusammengebrochen war. Ganz nahe tritt er an sie heran – und tatsächlich: In die Steine eingraviert, unübersehbar für einen aufmerksamen Betrachter, sind Buchstaben zu erkennen. Jetzt, da er sie entdeckt hat und neugierig betrachtet, scheinen sie golden zu leuchten:

Da fällt es ihm wie Schuppen von den Augen: „Genau dies wurde mir in den ersten Stunden dieses Tages geschenkt! Ein Ankommen bei mir selbst, ja: bei Gott! Eine Bewusstheit in allem, was ich getan und wahrgenommen habe – und die alles, was ist, mit Licht erfüllt hat!" Es war verrückt: Der Schlüssel zum Erleuchtet-Sein konnte hier, in diesem Labyrinth, von jedem gefunden werden!

Wann genau hatte er dann dieses Licht in sich wieder verloren? Blitzartig wird es ihm klar: Er büßte die innere Glückseligkeit in dem Moment ein, als er begann, das Labyrinth als etwas Schlimmes zu bewerten – und die Überzeugung gewann, er *müsse* unverzüglich ins Tal hinab, um die darin Gefangenen zu befreien. Ganz deutlich erkennt er es im Rückblick: Je schneller er abwärts hastete, umso finsterer wurde es in ihm. Vollends dunkel war es in ihm, als er den Gedanken zuließ, Gott hätte durch Schwäche oder Unaufmerksamkeit das Böse dort unten in der Stadt zugelassen.

Der Verrückte kommt ihm in den Sinn. Von seinem Aussichtspunkt aus hatte er ihn doch mehrmals beobachtet, wie er seine langsame Wanderung durch die Gänge vor jeder Mauer unterbrach, vor ihr verharrte und sich dann vor ihr verneigte. Vor ihr? Jetzt wusste er es besser: Der Mann verneigt sich vor Dem, Der ihm die Segnungen schenkt!

Er liest die Segensworte noch einmal. Eine große Wärme durchströmt ihn und langsam breitet sich das Licht wieder in ihm aus. Ohne den geringsten Zweifel ist er sich gewiss: **Gott in seiner bedingungslosen Liebe zu allen Seinen Kindern segnet sie in allen Sackgassen, auf allen Irrwegen, in der tiefsten Verzweiflung! ER beschenkt sie**

mit den Erkenntnissen, die es ihnen ermöglichen, ihren Weg zu gehen, ihren Frieden zu finden und zur Mitte zu gelangen.

Es geht überhaupt nicht darum, den Eingang in das Gemäuer zu meiden! Ebenso unwichtig ist es für die Herumirrenden, so schnell wie möglich den scheinbar rettenden Ausgang zu finden. Es geht einzig und allein darum, im Vertrauen seinen Weg zu gehen und in jedem Hindernis, in jeder unüberwindlichen Mauer, die den Weg abbremst und zu Veränderung zwingt, den Sinn zu erkennen und den Segen, der nur hier und jetzt an diesem Platz zu finden ist, anzunehmen!

Der enge Gang, in dem der Einsiedler kopfschüttelnd steht, hat alles Dunkle verloren. Es scheint ihm, als würde von den Worten an der Wand ein Licht ausgehen, das den begrenzten Raum erhellt, ja – das darüber hinausleuchtet und den Weg weist.

Bevor der Gesegnete ihn geht, verneigt er sich vor der Mauer stehend, bei Dem, Der jeden segnet, der hier vorbeikommt und bereit ist, das göttliche Geschenk anzunehmen.

Doch wäre ihm dies auch ohne die Hilfe des Erleuchteten gelungen, wie er jetzt achtungsvoll den zuvor als verrückt Abgeurteilten nennt? Ist es vielleicht die Berufung dieses Menschen, die Verzweifelten aufzuklären? Nein, den Eindruck hatte er nicht gemacht. Er ging einfach *seinen* Weg, bot Gestrauchelten seine hilfreiche Hand an – und antwortete, wenn er gefragt wurde. Keinerlei ‚Ich muss helfen' oder ‚Ich will helfen' waren in ihm, keinerlei Bewertung der

Umstände. Sein ganzes Tun bestand aus dem gelebten ‚Ich bin da und gehe meinen Weg.'

Die Glückseligkeit, die den Einsiedler bei dieser Erkenntnis erfüllt, ist unbeschreiblich. Ja, das ist sein wahrer Auftrag: *Seinen eigenen* Weg in Liebe, Vertrauen und Frieden zu gehen. Dem Licht zu folgen, das – wie er jetzt im Weitergehen erkennt – in allen Gängen leuchtet. In ihm hat die Frage, welcher Weg richtig oder falsch ist, keinen Platz mehr. Die Gewissheit, dass jeder Weg gesegnet ist, mag er nach wenigen Schritten an einer Mauer enden oder weiterführen, erfüllt sein Herz mit großer Dankbarkeit.

Mehr noch: Er freut sich sogar auf die Mauern, die er noch entdecken wird, weiß er doch: ‚An jeder Wand wartet ein Segen Gottes auf mich. Irgendwann, zur rechten Zeit, werde ich die Mitte erreichen, mich dort zu den anderen setzen, um miteinander unsere erhaltenen Segen zu teilen.'

Erfüllt von Licht setzt er seinen Weg fort, geht nach rechts oder links, ohne groß zu überlegen. Er schlägt einfach an jeder Biegung die Richtung ein, in die ihn sein innerer Frieden führt: im Bewusstsein des ersten Segens, den er in diesen segensreichen Gemäuern empfangen hat.

An jeder Mauer am Ende eines jeden Weges liest er dankbar den Segen, der für ihn geschrieben steht, denkt darüber nach, bedankt sich beim Segnenden und lässt sich von Ihm und vom bisher Erkannten leiten und begleiten. Nebenbei bietet er jedem Menschen, der verzweifelt und ermattet zu Boden gesunken ist, seine helfende Hand an. Einige fragen ihn nach dem Sinn des verwirrenden Bauwerks, nach dem hinterlistigen Erbauer, nach dem Ausweg aus der Ausweglosigkeit. Er gibt ihnen Antwort, ganz ohne Wollen und

Müssen, ganz ohne jede Erwartung – und ist dennoch erstaunt, dass sich ihm immer mehr Menschen anschließen, ihm folgen, dieselben Segnungen empfangen wie er.

Und plötzlich öffnet sich vor ihnen die Mitte des Lebenslabyrinths: Eine sattgrüne Wiese mit bunt blühenden Blumen, einer sprudelnden Quelle, die die Durstigen stärkt und erfrischt, und mit einladenden Bänken zum Verweilen. Da sitzen sie nun – *und du mitten unter ihnen* – um alle Segnungen, alle Erfahrungen, alle Erkenntnisse miteinander zu teilen.

Gerne teile ich nun mit dir auf den nachstehenden Seiten die dreiundzwanzig Segen derjenigen, die ich als erste hierhergeführt habe.[17]

[17] Anmerkung der Herausgeberin: Die Erzählung und die Segen erhielten 23 Seminarteilnehmende von Yasper an einem ganz besonderen Samstagnachmittag im März 2019. Ich bin gewiss, du bekommst im Laufe deines vertrauensvollen Weiterweges durch das Lebenslabyrinth noch viele weitere Segen, deren Erkenntnisse nicht nur deinen Weg beleuchten und erhellen.

Segnungen aus dem Lebenslabyrinth

Ich bin gesegnet mit der Erkenntnis, dass ich nur einen Schritt nach dem anderen tun kann, ohne über meine eigenen Füße zu stolpern.
So tue ich also diesen einen Schritt – und der nächste wird genau zur rechten Zeit folgen.

Gesegnet bin ich mit der Kraft, den eingeschlagenen Weg der Liebe und des Vertrauens weiterzugehen, auch wenn viele andere aus Angst in die entgegengesetzte Richtung laufen.

Gesegnet bin ich mit dem Mut, zu meiner Wahrheit zu stehen – und mit der Klugheit, da zu schweigen, wo jedes Wort sinnlos wäre und nur meine Kraft kostet.

Gesegnet bin ich mit der Kraft, die Grenzen zu überwinden, die ich mir selbst aus Angst gesetzt habe. Gesegnet bin ich mit der Erinnerung an meine beiden Seelenflügel, die aus Liebe und Vertrauen bestehen und mich über jeden Abgrund tragen, vorausgesetzt: ich benutze sie!

Gesegnet bin ich mit der Erkenntnis, dass nur Gott und meine Seele meinen Weg kennen – und dass nur ich ihn gehen kann. Gesegnet bin ich mit der Kraft, mich nicht von denen beirren zu lassen, die mich und meinen Weg aus Angst oder Missgunst in Frage stellen.

Gesegnet bin ich mit dem Mut, aus meinem Krug des Vertrauens in Gott großzügig auszuschenken. Dann erlebe ich das Wunder, dass er dadurch nicht leerer wird, sondern von Gott gleich wieder aufgefüllt wird. Denn ich erkenne immer mehr, dass sein Inhalt aus dem Vertrauen besteht, das Gott in *mich* hat.

Gesegnet bin ich mit der Kraft zur Veränderung. Ich erkenne, dass Veränderungen nicht bequem sind. Doch wie kann ich in ein Gefäß, in dem sich abgestandenes Wasser befindet, kostbares Öl füllen? So nutze ich die Kraft, überholtes und belastendes Denken, Fühlen und Handeln zu erkennen, loszulassen – und so Platz für das Neue zu schaffen.

Gesegnet bin ich mit dem Mut, Menschen, die ich bisher bewertet und verurteilt habe, mit dem verständnisvollen Herzen anzuschauen. So kann ich in ihnen das bedingungslos geliebte Kind Gottes erkennen: nicht mehr und nicht weniger vollkommen wie ich selbst!

Gesegnet bin ich mit der Erkenntnis, dass alles, was ich tue – und sei es der scheinbar geringste Dienst –, eine göttliche Einmaligkeit und Wichtigkeit besitzt, die meinem Wachstum und dem Ganzen dient. Ich erkenne an, dass es Dinge gibt, die Gott nur durch mich tun kann!

Gesegnet bin ich mit der Erkenntnis, dass ich dem der ICH BIN ein großes Stück näherkomme, wenn ich aufhöre, Menschen, Umstände – oder mich selbst zu bewerten und zu verurteilen.

Ich schenke Gott mein Vertrauen, dass Er mir nie Stolpersteine in den Weg legt, sondern immer nur Bausteine für meine Brücke nach Hause, zu IHM.

Gesegnet bin ich mit der Erkenntnis, dass ‚Gott zu vertrauen' nicht bedeutet, dass mir nichts ‚Schlimmes' mehr passieren kann. Es bedeutet vielmehr, dass ich die Gewissheit habe: Alles, was geschieht, dient dem Wachstum aller daran beteiligten Seelen.

Gesegnet bin ich mit der Erkenntnis, dass ich selbst in jedem Augenblick entscheide, welche Richtung ich einschlage: Tiefer in die Sackgasse der Angst – oder den schmalen Pfad des Vertrauens, der beständig nach oben führt.

Gesegnet bin ich mit der Gewissheit, dass da, wo ich JETZT bin, mein Platz ist. Wäre er woanders, wäre ich JETZT dort. Gesegnet bin ich mit der Gewissheit, dass das, was ich JETZT tue, genau das ist, was Gott durch mich JETZT am besten tun kann. Gäbe es etwas Wichtigeres, würde ER es JETZT durch mich tun.

Gesegnet bin ich mit der Erkenntnis, dass JETZT meine Zeit da ist, zu leben und zu lieben! ICH BIN DA, dies ist die einzige Voraussetzung – und die erfülle ich.

Gesegnet bin ich mit der Kraft, die alten, eingeredeten Fesseln der Angst und Schuld abzulegen – und zu leben! Mein natürliches Geburtsrecht ist die innere Freiheit – aus der die äußere erwächst.

Gesegnet bin ich mit dem Vertrauen, meine Sorge um Dinge, auf die ich keinen Einfluss habe, loszulassen und sie Gott zu übergeben. Er weiß um die optimale Lösung, zum Wohle aller daran Beteiligten.

Gesegnet bin ich mit der Erkenntnis, dass es für mich nicht ‚Freund' oder ‚Feind' gibt, sondern ‚Freund' oder ‚Lehrer'.

Sobald ich gelernt habe, was es zu lernen gab, wird der ‚Lehrer' zum ‚Freund' – oder er verabschiedet sich.

Gesegnet bin ich mit dem Mut, mich der Vorsehung Gottes hinzugeben. Dann lebe ich in der Fülle des Augenblicks – und Wünsche oder Ängste haben keinen Platz mehr in mir.

Gesegnet bin ich mit Dankbarkeit, denn ich erkenne immer klarer, dass Gott die Hälfte meines Werkes tut: die zweite Hälfte!!!

Gesegnet bin ich mit Selbstwert und Selbstbewusstsein, damit ich mich, das, was ich habe, oder das, was ich tue, nicht mehr mit anderen vergleiche. Ich erkenne, dass ich einmalig bin, des Lebens und der Liebe wert – und von Gott ebenso bedingungslos geliebt wie jeder andere.

Gesegnet bin ich mit der Erkenntnis, dass die Liebe der Schlüssel zu jedem verschlossenen Herzen ist. Gesegnet bin ich mit dem Mut, diesen Schlüssel einzusetzen – und gleich dort zu beginnen, wo ich gerade bin.

Gesegnet bin ich mit dem Mut zu und dcr Freude an meinen Talenten und Begabungen. Ich setze sie ein, ohne mich mit anderen zu vergleichen.

Geteilter Segen ist vervielfachter Segen! Geteilte Erkenntnis schenkt die Möglichkeit zu vervielfachter Erkenntnis!

Im Herzen mit dir verbunden, EINS in Gott

Yasper, ein Liebesgedanke Gottes, von Ihm zu dir gesandt,
*um dich zu er*INNERN.

Bildnachweis:

Titelbild: Ingrid Lipowsky
Grafiken, Fotos und Lieder auf Seiten 14, 16, 81, 85, 103, 104, 105, 110, 113, 129 sowie -Zeichen: Ingrid Lipowsky ©
Foto Seite 48: Julia Buob ©
Alle anderen Fotos und Grafiken im Buch:
Clipart Microsoft, http://insertmedia.office.microsoft.com
Diese Fotos und Grafiken sind nach meiner gewissenhaften Recherche zum Zeitpunkt der Verwendung weder urheberrechtlich geschützt noch werden Persönlichkeitsrechte verletzt.

Weitere Bücher von Ingrid Lipowsky, übermittelt von Yasper

Bestelladresse: Ingrid Lipowsky, Aberthamer Straße 1,
D-89331 Burgau
Tel.: 0049/(0)8222 2464
www.engelundsteine.de, Mail: info@engelundsteine.de

Die Geschichte Jakobus des Jüngeren (Erstes Buch)
In diesem Buch schildert ein junger Schustergeselle seine Begegnung mit Jesus und wie er diesen Meister und seine Jünger erlebt. Jesus ist hier ein großer Heiler und Weisheitslehrer – und ein Mensch. Auch wenn die Quelle dieser Schilderungen vielen unbegreiflich bleiben mag, man spürt: Ja, so jemand könnte dieser Jesus gewesen sein.
Die Geschichte Jakobus des Jüngeren, Paperback, 232 Seiten, ISBN 978-3-89060-134-2

Ryvellus, bei NEUE ERDE Verlag GmbH, 66111 Saarbrücken

Die Spirale der Liebe
Zweites Buch der Geschichte Jakobus' des Jüngeren
In diesem Buch erfährt der Leser, wie es dem jungen Schustergesellen auf einer weiteren Etappe seines Lebensweges ergeht. Er versucht, die Lehre des Predigers und Heilers Jesus, neben dem er einige Wochen unterwegs sein durfte, in seinem Leben umzusetzen, und scheitert immer wieder.
Es ist nicht nur die Welt, die ihm Knüppel zwischen die Beine wirft, auch sein eigenes Ego steht ihm oft im Weg. Doch wie sagte Jesus zu ihm? „Der himmlische Vater stellt jedem Seiner Kinder einen Engel zur Seite." Und so lässt sich Jakobus immer mehr auf die Führung seines unsichtbaren Begleiters ein …
Ein Buch, das Mut macht, auf die eigene innere Stimme zu hören und darin immer mehr die geistige Führung zu erkennen, die uns hilft, den Weg nach Hause zu finden und zu gehen.
Die Spirale der Liebe, Paperback, 296 Seiten
ISBN 978-3-00-016519-1, Eigenverlag Ingrid Lipowsky

„... der folge MIR nach!"
Drittes Buch der Geschichte Jakobus' des Jüngeren
Im dritten und letzten Buch der Geschichte Jakobus' des Jüngeren erzählt der Schustergeselle von seinem weiteren Weg in der Nachfolge des HERRN. Durch schmerzvolle

und freudvolle Erfahrungen gelingt es ihm schließlich, den Sinn des Lebens zu erkennen, den leidenden Erdenmenschen hinter sich zu lassen und das Erbe des Gottessohnes anzutreten.

„... der folge MIR nach!“ ist eine zutiefst bewegende Geschichte voller Weisheiten Jesu, die durch alle Zeiten hindurch nichts von ihrem Wahrheitsgehalt und ihrer Wichtigkeit für uns eingebüßt haben. Jakobus teilt mit dem Leser seine Erkenntnis, dass der Mensch nicht sterben muss, um Erleuchtung zu erlangen und um den in sich zu finden, der sagt: ‚Ich bin der ICH BIN.'

„... der folge MIR nach!“, Paperback, 440 Seiten

ISBN 978-3-00-018891-6, Eigenverlag Ingrid Lipowsky

Yaspers Schatzkästchen, 200 Karten mit Weisheits- und Liebessätzen des Jesus aus der Trilogie „Die Geschichte Jakobus' des Jüngeren“

„Keiner, den Jesus je berührt, wird danach noch derselbe sein. Hast du das nicht selbst erlebt?“ – Lass dich berühren, inspirieren und anleiten von den 200 Weisheits- und Liebesgedanken des Jesus, die der Trilogie „Die Geschichte Jakobus' des Jüngeren“ entnommen sind. Jeder Einzelne ist wertvolle Hilfe auf deinem Weg zu dir selbst, zu dem, der du bist – und sie erfüllen das Versprechen, das Jesus uns allen gegeben hat: „Ich bin bei euch alle Tage bis ans Ende der Zeit. Ich bin bei euch *in* der Zeit, *durch* alle Zeit hindurch, bis alle Zeit endet und ihr die Ewigkeit mit dem himmlischen Vater und mir teilt.“

Mit diesem Kartenset wird dem Wunsch Vieler Rechnung getragen, die sich die Schlüsselsätze aus der Trilogie in handlicher Form und zur täglichen inspirierenden Nutzung gewünscht haben.

Yaspers Schatzkästchen, 200 Karten mit Weisheits- und Liebessätzen

Set im Karton, ISBN 978-3-00-032588-5

Eigenverlag Ingrid Lipowsky

Choreografie des Göttlichen Tanzes
Schritt für Schritt in das Neue Bewusstsein

Leichtigkeit, Fröhlichkeit, Dankbarkeit, Zärtlichkeit, Heil- und Ganz-Sein und Vertrauen: Sechs Tanzschritte machen den Tanz auf dem göttlichen Parkett aus, den der Gabrielengel Yasper seinen Menschengeschwistern lehrt.

„Glaubst du, ich überbringe dir ein Marschlied, das dich auffordert, einem Anführer, der dir das Heil verspricht, hinterherzumarschieren? Nein, in einen Walzertakt ist die Göttliche Choreografie eingebettet, denn du darfst in die Neue Zeit hineintanzen.“

Doch was hindert uns daran, im göttlichen Dreivierteltakt zu schwingen? Über sein Medium Ingrid Lipowsky weist uns Yasper im ersten Teil des Buches auf die schweren Fußfesseln unseres alten, begrenzenden Denkens und Handelns hin. Haben wir uns von ihnen befreit, steht der Schönheit und Vollkommenheit der Göttlichen Choreografie nichts mehr im Wege.

Choreografie des Göttlichen Tanzes, Schritt für Schritt in das Neue Bewusstsein
Paperback, 112 Seiten
ISBN 978-3-00-037986-4, Eigenverlag Ingrid Lipowsky

Einfach Göttlich SEIN – Hier und Jetzt
Auf der einen Seite: Ein bedingungslos liebender Vater, der für jeden seiner 12 Söhne einen ganz bestimmten Auftrag, ganz bestimmte Herausforderungen bereithält. Der in seiner Liebe keinen überfordert und einem jeden Raum zum Wachsen schenkt.
Auf der anderen Seite: Die Söhne, die trotz der väterlichen Liebe und Fürsorge beginnen, an ihrem Selbstwert und an der Güte des Vaters zu zweifeln. Sie machen sich auf, um herauszufinden, wer sie sind. Denn nur in der größtmöglichen Ferne vom Vater wird ihnen bewusst, wie wahr und existenziell seine Aussage ist:
„Du bist mein geliebtes Kind, an dir habe ich meine Freude."
Es ist die Geschichte des Mensch-Seins, die Jesus hier seinen Jüngern erzählt, die Geschichte von ganz unterschiedlich langen und steinigen Wegen hin zur Gewissheit, dass ein jeder von uns nicht Kind Gottes, nicht göttlich, werden kann, sondern es von Anbeginn an ist.
Einfach Göttlich SEIN – Hier und Jetzt
Paperback, 123 Seiten
ISBN 978-3-00-042981-1, Eigenverlag Ingrid Lipowsky

Der Weg der Seelen zu dem, der ICH BIN

„Wenn du in mich die Erwartung legst, dieses Buch könnte dir endgültig alle Fragen beantworten, so enttäusche ich dich: Solange du Antworten suchst, wird dir dein Verstand auch Fragen vorlegen. Nein, du bist so weit vorbereitet, dass ich einen anderen Auftrag habe: Ich begleite dich in einen Raum, in dem es keine Fragen mehr gibt, in den Raum, in dem du für dich erkennst: ‚ICH selbst BIN die Antwort! Jeder einzelne Augenblick meines Lebens ist die Antwort auf die Liebe Gottes zu dem, der ICH BIN.'"

Der Gabrielengel Yasper nimmt dich in diesem Buch auf eine Reise durch alle Bewusstseinsstufen mit, die eine Seele in der Materie durchläuft: Macht und Ohnmacht, Recht und Unrecht, Freud' und Leid, Wahrheitssuche und Wahrheitsfindung – bis sich schließlich die Türe zur Selbstlosigkeit öffnet, die zur Erkenntnis führt, wer „ICH BIN".

Ein weiteres Mal hat sich Yasper seines irdischen Bleistiftes Ingrid Lipowsky bedient, um den Auftrag zu erfüllen, seine menschlichen Geschwister an ihre Göttlichkeit zu erinnern und ihnen auf dem Weg nach Hause verständnisvoller Wegbegleiter zu sein.

Der Weg der Seelen zu dem, der ICH BIN

Paperback, 127 Seiten

ISBN 978-3-00-046523-9, Eigenverlag Ingrid Lipowsky

Ich bin geliebt, so wie ich bin.
Eine himmlische Liebeserklärung für Gotteskinder

Gerade jetzt, in diesem Augenblick, erschafft die unendliche, bedingungslose Liebe aus sich selbst heraus die kleine,

neugierige Seele, von der dieses Buch erzählt. Unverzüglich stellt sie ihre erste Frage: „Wo bin ich?" Viele weitere Fragen folgen: „Wer bist du? Warum bin ich da? Wer bin ich?" Mit einfachen und gerade dadurch göttlichen Worten gibt die Liebe ihrem kleinen, Mensch werdenden Selbst Antwort. Ganz nebenbei entsteht durch den Dialog das „Goldene Lebensbuch", in dem alle Erlebnisse, Erfahrungen und Erkenntnisse so niedergeschrieben sind, wie die Seele sie auf Erden durchlebt.
Ein weiteres Mal erfüllt der Gabrielengel Yasper den Auftrag, seine menschlichen Geschwister an ihren göttlichen Ursprung und an den Sinn des Lebens in der Materie zu erinnern.
Ein Buch, das zur rechten Zeit in deine geöffneten Hände und dein dazu bereites Herz gelegt wird. Es ermutigt dich dazu, die bisher erlebten Kapitel deines eigenen Lebensbuches noch einmal bewusst zu ‚lesen'.

Ich bin geliebt, so wie ich bin.

Paperback, 88 Seiten

ISBN 978-3-00-049851-0, Eigenverlag Ingrid Lipowsky

Ein Engel erzählt –
Geschichten aus dem Garten Eden

Welchen Sinn hat es für uns Menschen, Schmerzen zu erleiden? Wie wichtig ist es für ein erfülltes Leben, Annehmen und Loslassen zu lernen? Warum bewerten und verurteilen wir allzu vorschnell – und werden dabei selbst immer unzufriedener und unglücklicher? Müssen wir ein Ziel ha-

ben, das in ferner Zukunft liegt? Oder ist unser Weg das Ziel? Ist wirklich alles gut, was geschieht?
So lassen sich einige der Themen auf den Punkt bringen, die in diesem Buch auf eine gleichermaßen einfühlsame wie leicht verständliche Weise behandelt sind. Wieder einmal hat sich Ingrid Lipowsky den Weisheiten des Gabrielengels Yasper geöffnet und sich als sein ‚irdischer Bleistift' zur Verfügung gestellt. Seine „Geschichten aus dem Garten Eden" geben Antworten auf die Fragen, die uns auf dem Weg zu unserem wahren Selbst immer wieder beschäftigen.
Ein überaus empfehlenswertes Buch für alle Fragenden, Suchenden, Übenden – und sich als Kinder Gottes erkennenden und bekennenden Menschen.

Ein Engel erzählt – Geschichten aus dem Garten Eden

Paperback, 208 Seiten
ISBN 978-3-00-024953-2, Eigenverlag Ingrid Lipowsky

Rückkehr in den Garten Eden
Wegweisende Geschichten und Meditationen

Wir nennen uns ‚Kinder Gottes'. Doch fühlen wir uns auch als Seine Tochter, als Sein Sohn? Ist nicht vielmehr die Saat der Minderwertigkeit aufgegangen, die von machthungrigen Menschen seit Jahrtausenden gelegt wird? Verwundert es da noch, dass wir unter Angst und Schuld leiden, aus denen Unzufriedenheit und Krankheit erwachsen?
Der Gabrielengel Yasper erinnert seit vielen Jahren über seinen menschlichen Bleistift Ingrid Lipowsky an unsere

göttliche Abstammung und ermuntert uns, endlich unser Erbe anzunehmen.
Die in diesem Buch erstmals veröffentlichten Geschichten und Meditationen weisen einen gangbaren inneren Weg der Liebe und des Vertrauens, der in unsere geistige Heimat zurückführt.

Rückkehr in den Garten Eden
Wegweisende Geschichten und Meditationen
Paperback, 262 Seiten
ISBN 978-3-00-030195-7, Eigenverlag Ingrid Lipowsky

Himmlische Wegbegleitung
Yaspers Seminare zum Vorlesen, Nachlesen und Nachdenken
Mit diesem Buch wird der Wunsch vieler Menschen erfüllt, die sich von den Botschaften Yaspers, der sich selbst einen „Liebesgedanken Gottes“ nennt, berühren und begeistern lassen.
In den zurückliegenden Jahren hielt Ingrid Lipowsky, die er als Bleistift und als Sprachrohr für seine Worte ausgewählt hat, in seinem Auftrag viele Seminare. Nun können die bildhaften Erklärungen und Meditationen zu den verschiedenen Themen, wie z.B. „Der Richter in dir“, „Die Goldene Mitte“, „Das Geheimnis der geöffneten Hände“, „Der Weg zu deinen inneren Quellen“, immer wieder nachgelesen und zum Nachdenken und zur Vertiefung genutzt werden.
Auch für die Interessierten, die keine Möglichkeit hatten und haben, persönlich ein Seminar zu besuchen, sind die

Niederschriften ein Gewinn und Geschenk. Sie eignen sich darüber hinaus zum Vorlesen im Kreis von Menschen, die den Weg der Liebe und des Vertrauens eingeschlagen haben – und dankbar die Wegbeschreibungen und Wegbegleitung des Gabrielengels Yasper annehmen.

Himmlische Wegbegleitung
Yaspers Seminare zum Vorlesen, Nachlesen und Nachdenken
Paperback, 211 Seiten, mit vielen Farbfotos,
ISBN 978-3-00-053639-7, Eigenverlag Ingrid Lipowsky

Ich erzähl dir von Daheim
Ein Neugeborenes erklärt Gott und die Welt
„Wie macht die das?", fragt der fünfjährige Florian erstaunt seine Eltern, als sein neugeborenes Schwesterchen Hanna zu ihm sagt: ‚Hier bin ich. Wie versprochen!' Und sie bewegt dabei nicht einmal ihre Lippen! Bald wird ihm klar, dass nur er sie ‚hören' kann. Und was sie ihm alles erzählt! Von Daheim, von ganz Daheim! Von Licht-Gott, vom Miteinander der Menschen, vom Bösen in der Welt, vom Wollen und Müssen, vom Augenblick jetzt … und jetzt …, vom Schuld-Bauchgrummeln, von der Sache mit dem Schmerz und dem Nachhause-Gehen – und von der göttlichen Vorsehung, in die jede und jeder von uns miteinbezogen ist.
Eine das Herz berührende Geschichte, tiefsinnig und humorvoll geschrieben für Kinder von 8 bis 108 Jahren. Sie ist diktiert von Yasper, der sich selbst einen Liebesgedanken Gottes nennt und den Auftrag erfüllt, uns zu erIN-

NERN: an all das, was Neugeborene noch wissen – und wir vergessen haben …

Ich erzähl dir von Daheim – Ein Neugeborenes erklärt Gott und die Welt

Paperback, 128 Seiten

ISBN 978-3-00-057168-8, Eigenverlag Ingrid Lipowsky

Engel reisen immer ohne Gepäck

Eine mystische Irland-Reise

Da taucht im Geist der Autorin plötzlich ein Name auf, der sie tief berührt und nicht mehr loslässt. Als sie ihre Engel nach der Bedeutung fragt, verlangen diese, dass sie geduldig sein möge … und dann geht mit einem Mal alles ganz schnell: Unversehens reist sie nach Irland und damit in ein früheres Leben …

„Engel reisen immer ohne Gepäck" erzählt mit viel Humor eine spannende, wahre Geschichte.

Ingrid Lipowsky

Engel reisen immer ohne Gepäck

Eine mystische Irland-Reise

Paperback, 224 Seiten, ISBN 978-3-89060-068-0,

Ryvellus, bei NEUE ERDE Verlag GmbH, 66111 Saarbrücken

Verrückt? Beglückt!!!

Gebrauchsanleitung für ein glückliches Altsein

Was kann in einundzwanzig Tagen schon in einem Altenheim passieren? –

Ilse hat mit ihrem Leben abgeschlossen und wünscht sich nichts sehnlicher als den Tod – da tritt als neue Bettnachbarin Anni in ihr Leben. Der gelingt es, mit Charme und Lebensweisheit frischen Wind in das Haus und die Köpfe ihrer Mitmenschen zu bringen.
Wie die Bewohner, Besucher und das Personal des Altenheims kann sich auch der Leser der Erkenntnis nicht entziehen, dass erst eine gehörige Portion Verrücktheit das Leben lebenswert macht.
„*Es ist notwendig, bereits in jungen Jahren das Altsein zu üben*", sagt Anni – und so ist dieses Buch als Gebrauchsanleitung zum glücklichen Altsein zu verstehen und wird allen Menschen ans Herz gelegt, die sich auf dem Weg dorthin befinden.
Und – mal ehrlich: Tun wir das nicht alle?
Verrückt? Beglückt!!! Gebrauchsanleitung für ein glückliches Altsein
Paperback, 216 Seiten
ISBN 978-3-00-021619-0, Eigenverlag Ingrid Lipowsky

Ein ganz besonderes Geschenk des Himmels:

CD „Yasper – Ausgewählte Geschichten aus dem Garten Eden mit Liedern und Mantras"
Gelesen von Ingrid Lipowsky
Eine ganz besondere Möglichkeit, sich von Yaspers Geschichten aus verschiedenen Büchern berühren zu lassen, bietet diese CD. Damit wird der Wunsch Vieler erfüllt, sich ganz dem Hörgenuss hingeben zu können.

Wie auch in den Büchern ist der Geist Yaspers deutlich spürbar, nicht nur bei den Worten, ganz besonders auch bei den kraftvollen und heilsamen Liedern und Mantras, die ebenfalls von ihm übermittelt wurden, und die aus dem Zuhörenden schnell einen Mitsingenden machen, der sich in die Neue Zeit hineinschwingt …
Ingrid Lipowsky

CD „Yasper – Ausgewählte Geschichten aus dem Garten Eden mit Liedern und Mantras“
Gelesen von Ingrid Lipowsky, Spieldauer: 74:45 Minuten
Eigenverlag Ingrid Lipowsky